AMOR E FIDELIDADE

Coleção Clínica Psicanalítica
Títulos publicados

1. **Perversão**
   Flávio Carvalho Ferraz

2. **Psicossomática**
   Rubens Marcelo Volich

3. **Emergências Psiquiátricas**
   Alexandra Sterian

4. **Borderline**
   Mauro Hegenberg

5. **Depressão**
   Daniel Delouya

6. **Paranoia**
   Renata Udler Cromberg

7. **Psicopatia**
   Sidney Kiyoshi Shine

8. **Problemáticas da Identidade Sexual**
   José Carlos Garcia

9. **Anomia**
   Marilucia Melo Meireles

10. **Distúrbios do Sono**
    Nayra Cesaro Penha Ganhito

11. **Neurose Traumática**
    Myriam Uchitel

12. **Autismo**
    Ana Elizabeth Cavalcanti
    Paulina Schmidtbauer Rocha

13. **Esquizofrenia**
    Alexandra Sterian

14. **Morte**
    Maria Elisa Pessoa Labaki

15. **Cena Incestuosa**
    Renata Udler Cromberg

16. **Fobia**
    Aline Camargo Gurfinkel

17. **Estresse**
    Maria Auxiliadora de A. C. Arantes
    Maria José Femenias Vieira

18. **Normopatia**
    Flávio Carvalho Ferraz

19. **Hipocondria**
    Rubens Marcelo Volich

20. **Epistemopatia**
    Daniel Delouya

21. **Tatuagem e Marcas Corporais**
    Ana Costa

22. **Corpo**
    Maria Helena Fernandes

23. **Adoção**
    Gina Khafif Levinzon

24. **Transtornos da Excreção**
    Marcia Porto Ferreira

25. **Psicoterapia Breve**
    Mauro Hegenberg

26. **Infertilidade e Reprodução Assistida**
    Marina Ribeiro

27. **Histeria**
    Silvia Leonor Alonso
    Mario Pablo Fuks

28. **Ressentimento**
    Maria Rita Kehl

29. **Demências**
    Delia Catullo Goldfarb

30. **Violência**
    Maria Laurinda Ribeiro de Souza

31. **Clínica da Exclusão**
    Maria Cristina Poli

32. **Disfunções Sexuais**
    Cassandra Pereira França

33. **Tempo e Ato na Perversão**
    Flávio Carvalho Ferraz

34. **Transtornos Alimentares**
    Maria Helena Fernandes

35. **Psicoterapia de Casal**
    Purificacion Barcia Gomes
    Ieda Porchat

36. **Consultas Terapêuticas**
    Maria Ivone Accioly Lins

37. **Neurose Obsessiva**
    Rubia Delorenzo

38. **Adolescência**
    Tiago Corbisier Matheus

39. **Complexo de Édipo**
    Nora B. Susmanscky de Miguelez

40. **Trama do Olhar**
    Edilene Freire de Queiroz

41. **Desafios para a Técnica Psicanalítica**
    José Carlos Garcia

42. **Linguagens e Pensamento**
    Nelson da Silva Junior

43. **Término de Análise**
    Yeda Alcide Saigh

44. **Problemas de Linguagem**
    Maria Laura Wey Märtz

45. **Desamparo**
    Lucianne Sant'Anna de Menezes

46. **Transexualidades**
    Paulo Roberto Ceccarelli

47. **Narcisismo e Vínculos**
    Lucía Barbero Fuks

48. **Psicanálise da Família**
    Belinda Mandelbaum

49. **Clínica do Trabalho**
    Soraya Rodrigues Martins

50. **Transtornos de Pânico**
    Luciana Oliveira dos Santos

51. **Escritos Metapsicológicos e Clínicos**
    Ana Maria Sigal

52. **Famílias Monoparentais**
    Lisette Weissmann

53. **Neurose e Não Neurose**
    Marion Minerbo

54. **Amor e Fidelidade**
    Gisela Haddad

55. **Acontecimento e Linguagem**
    Alcimar Alves de Souza Lima

56. **Imitação**
    Paulo de Carvalho Ribeiro

57. **O tempo, a escuta, o feminino**
    Silvia Leonor Alonso

58. **Crise Pseudoepiléptica**
    Berta Hoffmann Azevedo

59. **Violência e Masculinidade**
    Susana Muszkat

60. **Entrevistas Preliminares em Psicanálise**
    Fernando José Barbosa Rocha

61. **Ensaios Psicanalíticos**
    Flávio Carvalho Ferraz

62. **Adicções**
    Decio Gurfinkel

63. **Incestualidade**
    Sonia Thorstensen

64. **Saúde do Trabalhador**
    Carla Júlia Segre Faiman

65. **Transferência e Contratransferência**
    Marion Minerbo

66. **Idealcoolismo**
    Antonio Alves Xavier
    Emir Tomazelli

67. **Tortura**
    Maria Auxiliadora de Almeida
    Cunha Arantes

68. **Ecos da Clínica**
    Isabel Mainetti de Vilutis

69. **Pós-Análise**
    Yeda Alcide Saigh

70. **Clínica do Continente**
    Beatriz Chacur Mano

Coleção Clínica Psicanalítica
Dirigida por Flávio Carvalho Ferraz

AMOR E FIDELIDADE

Gisela Haddad

© 2009 Casapsi Livraria e Editora Ltda.
É proibida a reprodução total ou parcial desta publicação, para qualquer finalidade, sem autorização por escrito dos editores.

1ª Edição	*2009*
1ª Reimpressão	*2014*
Editor	*Ingo Bernd Güntert*
Gerente Editorial	*Fabio Alves Melo*
Coordenadora Editorial	*Marcela Roncalli*
Assistente Editorial	*Cíntia de Paula*
Preparação	*Guilherme Laurito Summa*
Revisão	*Nair Hitomi Kayo*
Diagramação	*Ana Karina Rodrigues Caetano*
Produção Gráfica	*Carla Vogel*
Capa	*Yvoty Macambira*

Dados Internacionais de Catalogação na Publicação (CIP)
Angélica Ilacqua CRB-8/7057

Haddad, Gisela
  Amor e fidelidade / Gisela Haddad. - São Paulo: Casa do Psicólogo, 2014. - (Coleção clínica psicanalítica /dirigida por Flávio Carvalho Ferraz).

Bibliografia.
1ª reimpressão da 1ª edição de 2009
ISBN 978-85-7396-647-3

1. Amor 2. Ética sexual 3. Fidelidade 4. Homens - Comportamento sexual 5. Mulheres - Comportamento sexual 6. Relações interpessoais 7. Sedução - Aspectos psicológicos I. Ferraz, Flávio Carvalho. II. Título. III. Série.

14-0107   CDD 158.2

Índices para catálogo sistemático:
1. Amor e fidelidade : Relações interpessoais : Psicologia aplicada

Impresso no Brasil
Printed in Brazil

As opiniões expressas neste livro, bem como seu conteúdo, são de responsabilidade de seus autores, não necessariamente correspondendo ao ponto de vista da editora.

Reservados todos os direitos de publicação em língua portuguesa à

Casapsi Livraria e Editora Ltda.
Avenida Francisco Matarazzo, 1500 - Conjunto 51
Edifício New York - Centro Empresarial Água Branca
Barra Funda - São Paulo/SP - CEP 05001-100
Tel. Fax: (11) 3672-1240
www.casadopsicologo.com.br

Sumário

Agradecimentos 9

Prefácio: A arte de amar... hoje?, por Mário Eduardo
Costa Pereira 11

Prólogo 19

Introdução 21

1 - O amor romântico e seu par: a subjetividade 43

2 - Sexo, amor e conjugalidade: um recorte do lugar da fidelidade
sexual na história do Ocidente 55

3 - Amor, sexo e fidelidade em Freud 105

4 - "Perto Demais" ninguem é fiel 147

Considerações finais: amor, ilusão necessária? 175

Referências bibliográficas 181

Agradecimentos

Entre o alívio pelo percurso laborioso e a apreensão diante da iminência de avaliação do trabalho que acompanham o texto dos *agradecimentos*, há a lembrança amorosa e gratificante de se constatar que nossa insuficiência pode ser amparada por pessoas dos mais diversos setores de nossas vidas em certas circunstâncias que nos impõe hibernação e agonia. Destas, agradeço em especial a Gui, Geo e Charles, pela incondicional torcida, e aos meus pais e irmãos pela aposta contagiante. Aos queridos Inês, Christian e Mário Eduardo pelo cuidado e delicadeza com que indicaram caminhos. À turma do *papo amoroso*, que tantas dicas deu sobre os caminhos do amor: obrigada aos amigos da Geo e da Ciça, da Marcinha e Débora e do Renatinho. Aos amigos (novos e antigos) do Departamento de Psicanálise do Sedes, pelo acolhimento e interlocução, aos supercalorosos colegas do CPPL de Recife, pela oportunidade de pôr à prova algumas ideias incipientes, e a todos os que direta ou indiretamente participaram deste projeto, sem os quais eu não poderia ter seguido. Contardo, Fátima, Valéria, Manucha, Letícia, Iolanda e Cris são apenas alguns. A Flávio

Carvalho Ferraz, pela oportunidade de divulgar este trabalho de pesquisa[1]. E ao Chico Buarque, nosso poeta e compositor, que pensou o amor em todas as suas nuances e nos presenteou com jogos de palavras que conseguem revelar nossos sentimentos desconcertantes, anseios ocultos, gozos inesperados. Êxtases e dores do amor.

---

[1] O texto deste livro faz parte da dissertação de mestrado defendida em 2006 com o título *Reflexões sobre a manutenção do ideal de amor romântico na atualidade: um estudo sobre a fidelidade conjugal*.

Prefácio:
A arte de amar... hoje?

Há quase exatos dois mil anos, mais precisamente no dia 9 de maio do ano 9 d.C., desembarcava Ovídio – acompanhado de seus escravos e seus bens – no porto de Tomis, às margens do mar Negro, nos confins do Império Romano. O grande poeta estava banido de Roma por ordem do próprio imperador Augusto e chegava, com grande tristeza, à cidade na qual viria a morrer oito anos mais tarde. É difícil compreender, com os olhos de nossos tempos, como um artista tão amado e célebre entre os seus contemporâneos possa ter caído em desgraça justamente após o aparecimento de uma de suas obras mais sublimes e imortais: *A arte de amar*.

Escrita em versos cujo estilo viria a influenciar escritores como Dante e Shakespeare, a *Ars amatoria* marcava uma ruptura profunda com a estética poética desse período: Ovídio seria o primeiro poeta romano para quem o prazer erótico e a paixão deveriam ser recíprocos entre os amantes. Era necessário, a seus olhos, que os parceiros se entregassem integralmente ao encontro amoroso para que este pudesse alcançar sua plenitude. Tal posicionamento ante a experiência amorosa era profundamente chocante e contraditório em relação ao *ethos* dominante na época, relativo à experiência amorosa. Mesmo assim, ele refletia as transformações sociais e culturais propiciadas pelo ambiente de maior estabilidade, segurança e tranquilidade advindo do final das guerras civis e do advento da *Pax Romana*, garantida pelo Império.

A paixão amorosa era, até então, vista com escárnio, como uma frivolidade sentimental indigna de ser exaltada por um cidadão romano. Tratava-se de um sentimento baixo, experimentado apenas por prostitutas e cortesãs. Dois séculos antes, as comédias de Plauto expunham o amor ao ridículo e tentavam mostrar a incompatibilidade desse sentimento com aquilo que era esperado da família e de uma matrona honrada. Para os romanos daqueles tempos, definitivamente o amor entre os cônjuges não poderia fornecer os fundamentos para o matrimônio e para a família.

Como bem o lembra Pascal Quignard, em seu célebre estudo sobre o erotismo e a sexualidade na Roma Imperial intitulado *Le sexe et l'effroi*[1], o casamento romano constituía uma forma de sociedade entre um homem e uma mulher com fins de procriação. Através dele, a mulher podia legalmente ser dispensada de todas as atividades servis e conduzir sua vida com relativa independência. O dote pago era referente às eventuais despesas com os escravos a serem utilizados de modo a pouparem a esposa das tarefas domésticas, incompatíveis com seu estatuto.

---

[1] QUIGNARD, P. *Le sexe et l'effroi*. Paris: Gallimard, 1994

As mulheres casavam entre os 7 e 12 anos de idade, estando reservados a elas prazeres eróticos e pedagógicos a serem desfrutados com seus maridos. Contudo, ao chegar à puberdade, e com ela a capacidade de reprodução, a esposa deveria se apartar de toda a volúpia sexual, conservando, assim, o valor principal sobre o qual se organizava o laço conjugal: a castidade. A *castitas* romana não implica ainda a ideia contemporânea da abstenção dos prazeres da carne. Trata-se, antes, do dever da matrona de salvaguardar ativamente a integridade da casta, ou seja, de garantir que seus filhos são, de fato, os descendentes sanguíneos do marido. A extensão desse dever era tão radical que a esposa tinha a obrigação de não permitir ser violada, sendo que as matronas vítimas de estupro poderiam ser condenadas à morte.

Nesse contexto, "a fidelidade não é um sentimento conjugal, mas uma consequência da confiabilidade da linhagem espermática" (Quignard, p. 27). Trata-se de um efeito a ser obtido com bases em normatizações estatutárias da conduta dos cônjuges. A única fidelidade realmente em jogo nesses primórdios do Império Romano concerne àquela que une o filho ao pai em seu dever de *pietas*. Esta se define como a obrigação unilateral de respeito, submissão, cuidado e assistência que o filho deve ao pai e que funda todos os laços viris da sociedade.

O casamento romano não se fundamentava, pois, sobre o amor entre os esposos ou sobre as juras morais de fidelidade recíproca. Ele não prometia qualquer realização de natureza sexual entre os cônjuges, chegando mesmo a interditá-las, pois o excitar das volúpias poderia colocar em risco a castidade.

Esta, sim, ancorava a união conjugal: um pacto socialmente reconhecido, uma aliança para a procriação e educação dos filhos, com a garantia da integridade da linhagem. Estamos longe de nossa concepção ocidental de casamento e suas relações com o amor. Mas estamos em Roma, um dos pilares de nossa cultura contemporânea, solo de nossas raízes latinas.

Ovídio é banido por ser ao mesmo tempo porta-voz, agente e intérprete de um tempo de mudanças em que o pêndulo da história faria uma reviravolta, colocando o amor passional no centro dos laços conjugais e o subjetivismo como orientação legítima de um homem em sua existência.

Este livro de Gisela Haddad lança-se à análise das coordenadas históricas e culturais que organizam nossas formas contemporâneas de experimentarmos e concebermos subjetivamente as relações entre o amor e o laço conjugal. Discriminando cuidadosa e pacientemente os fios que remetem o emaranhado de nosso imaginário amoroso a suas raízes românticas, a autora nos confronta às consequências efetivas – teóricas e clínicas – da herança inconsciente dessa versão do Discurso do Outro.

De fato, a estética e a *Weltanschauung* romântica, se por um lado embelezam e dignificam a experiência amorosa, justificando-a por sua dimensão propriamente passional, por outro deixam emergir expectativas e enormes idealizações daquilo que se pode esperar dos vínculos amorosos, em um projeto a tal ponto elevado, que só pode levar à decepção diante dos resultados efetivamente logrados.

A aposta do amor romântico é bastante elevada, ao propor que um laço amoroso intenso, com um único parceiro, tido como foco central e exclusivo de todo o desejo, possa sustentar uma ligação conjugal eterna que realize funções afetivas tão diversas como: a satisfação erótica; o sentimento de amar e ser amado ternamente; estabilidade, parceria, cumplicidade e fidelidade; constituição de um ambiente saudável para o cuidado e a educação dos próprios filhos etc. Tamanhas expectativas depositadas sobre as relações com um parceiro constituem o terreno propício para a frustração e para a decepção desse projeto de realização erótica e existencial a dois, tão ardentemente acalentado.

A psicanálise mostra que o desejo e a angústia assentam-se sobre o mesmo fundo de falta radical de garantias, no qual se inscrevem os efeitos perturbadores da descoberta da sexualidade a partir do campo do Outro. Nesse sentido, a emergência do sexual é sempre perturbadora e mobilizadora, e não haverá ambiente suficientemente bom, capaz de mitigar o caráter disruptivo desse encontro, pois este remete a dimensões inomináveis para as quais nenhum fiador pode sustentar as ilusões de continuidade, pois ele próprio não dispõe das respostas: um bebê, que repousa sobre os braços da mãe, cujos pés ancoram-se na Terra, a qual, por sua vez, desloca-se solta no *Éter*... para onde mesmo?

Georges Bataille delimitou bem esse caráter necessariamente gozoso e angustiante ligado ao nosso erotismo. Longe de se resumir à experiência de mera fruição prazerosa do corpo e da volúpia amorosa correspondida, o encontro sexual evoca imediatamente nossa aspiração solitária à completude e à fusão sem limites em uma forma contínua de existir com a totalidade do Universo. A sexualidade remete não apenas à paixão sacrificial – religiosa no sentido mais elevado – em direção ao fusional, como também às marcas traumáticas da descoberta de nossa implicação concreta, corporal, no desejo e no gozo do Outro. A esse ponto de encontro, inscrito em nosso ser, Bataille atribui uma denominação contundente: *a parte maldita*.

O sexual vai bem além do campo do amor, da ternura e da satisfação, sejam estas a dois ou não. Ele interpela os limites, roça o excesso, questiona a prudência e o bom senso. Em última instância, atualiza as perplexidades e a certeza do existir. Bem além do campo do representável, pois engajam o corpo e a experiência de existir. Questões para as quais aqueles, que oferecem os colos que nos sustentam e que nos fornecem a ilusão-real de estabilidade e continuidade da existência e do mundo, não dispõem tampouco de respostas para si próprios.

Ovídio é banido, porque sustenta, orientado pelos ventos de um novo tempo, uma concepção escandalosa do amor. Este comportaria uma possibilidade de transcendência dos limites impostos pela separação material dos corpos, por meio da erotização gozosa dos corpos. A arte de amar é uma arte da sedução, do encantamento, da poesia como enganação amorosa e da sustentação de um universo ilusório, no qual um patamar superior de realização erótica pode ser alcançado com a participação do Outro. Tal enfeitiçar voluptuoso oclui ou resolve o sem-fundo que nos rodeia? Não. Mas permite brincar com ele: jogos eróticos, com parceiro, sob fundo de fantasia, à sombra da parte maldita. Os sem-bordos no horizonte.

"Promete, promete com ousadia, pois as promessas vencem as mulheres! Júpiter, que lá do alto observa e testemunha os perjúrios dos amantes, ri-se deles e ordena aos ventos de *Éolo* que os levem e anulem".

Ovídio, A arte de amar

Mário Eduardo Costa Pereira
Campinas, 28 de março de 2009

Prólogo

"Vê se tem no almanaque, essa menina / Como é que termina um grande amor / Se adianta tomar uma aspirina / Ou se bate na quina aquela dor / Se é chover o ano inteiro chuva fina / Ou se é como cair o elevador / Me responde por favor / Pra que tudo começou / Quando tudo acaba".

("Almanaque", Chico Buarque)

Falar sobre a permanência do ideal do amor romântico nas uniões amorosas e sexuais como condição importante de felicidade para os indivíduos na atualidade pode parecer anacrônico, se levarmos em conta que homens e mulheres desfrutam hoje de uma considerável liberdade e autonomia que lhes permitiriam manter vínculos separados entre amor e sexo, ou inventarem novos arranjos mais adequados às demandas da sociedade contemporânea. É diante dos indícios da persistência desse ideal em nosso imaginário cultural que iremos refletir sobre as razões da insistência desse mito na era do individualismo radical. Buscar essas razões requer que contextualizemos historicamente o aparecimento do amor como item imprescindível na formação de pares conjugais e, portanto, à Modernidade e a todos os movimentos que a tornaram referência nas ideologias, nos valores e saberes que passam a existir. Nosso roteiro pretende articular a história do amor romântico, que produziu a junção do amor e do sexo e regulou a formação dos laços conjugais modernos, com o individualismo cultural e o pensamento psicanalítico, que, por vezes, foi crítico, e outras, coadjuvantes desses fenômenos. O texto precioso de Jurandir Freire Costa (1998), *Sem fraude nem favor*, e as teorizações freudianas sobre o campo amoroso e sexual serão interlocução e guia para essas reflexões, utilizadas também na análise de um filme cujo tema principal são os amores contemporâneos perpassados pelas vicissitudes das relações entre sexo, amor e fidelidade.

Introdução

"Sábios em vão / Tentarão decifrar / O eco de antigas palavras / Fragmentos de cartas, poemas / Mentiras, retratos / Vestígios de estranha civilização".

("Futuros amantes", Chico Buarque de Hollanda)

O fragmento destacado acima, da letra da música "Futuros amantes", de Chico Buarque, prevê que em tempos vindouros a linguagem do amor romântico, tão enraizada em nossa cultura, poderá vir a adquirir esse estranhamento. Essa parece ser a aposta de Jurandir Freire Costa que, em seu livro *Sem fraude nem favor* (1998), tenta desmistificar os resquícios do amor romântico na atualidade, apontar as incongruências da manutenção de sua aura transcendente e convidar-nos a inventar um *neorromantismo* mais comprometido com as demandas do mundo e do sujeito atual. A obra contém quatro ensaios, nos quais Costa discorre sobre o pensamento de autores como Marcuse, Foucault, Santo Agostinho e Balint para demonstrar o percurso histórico e cultural do valor do amor e de sua ligação com a sexualidade humana. Afirma que a persistência do caráter idealizado do amor romântico no imaginário popular, confirmada pelo cardápio de referências que a cultura nos oferece (filmes, canções, telenovelas) ou mesmo pelo lugar de privilégio que a relação amorosa ocupa nas demandas de análise, seria um indicativo de sua *naturalização*. Conclui que a aspiração em se viver a sensação prazerosa de ser o objeto insubstituível de amor, sexo e gratidão de um outro não encontra reais possibilidades de se concretizar na atualidade, e lembra que esse amor é uma crença inventada e datada e, portanto, passível de ser desconstruída ou reconstruída.

O livro de Costa foi gestado em resposta a uma pesquisa realizada no Instituto Social da Universidade Estadual do Rio de Janeiro a respeito da opinião de adolescentes entre 13 e 16 anos, adultos jovens e universitários das zonas sul e norte do Rio de Janeiro sobre o avanço e a supersaturação da temática sexual. Segundo o próprio autor[1], o amor foi surgindo como o grande dilema das relações amorosas atuais, desbancando a sexualidade que, embora apresentasse mudanças, principalmente de ordem moral, não parecia ser um obstáculo na formação ou manutenção dos pares amorosos. Em contrapartida, o amor, por permanecer no topo das expectativas de ambos os sexos, produzia um discurso de descrença e desilusão. Diante dessa constatação, o autor tenta dissuadir os anseios dos sujeitos em seguir tentando encontrar a metade que lhes falta, ao demonstrar que tal junção de amor e sexo dirigida a um único e exclusivo outro só foi possível no contexto histórico e social do século burguês, graças à reunião de certos ingredientes que o sustentavam. Tomemos

---

[1] Em entrevista concedida ao caderno *Mais! da Folha de S.Paulo*, de 15 de novembro de 1998.

esse contexto histórico para elucidar não só os fatores, mas a especial conjunção destes na formação de uma nova maneira de se relacionar, casar e constituir uma família.

É a partir do século XVIII que a sociedade ocidental, organizada sob uma crescente valorização da individualidade, tomará como norma o culto ao amor romântico. Respeitado e reverenciado como *amor verdadeiro*, funcionava tanto como um regulador da vida familiar e societária quanto como uma promessa de felicidade amorosa e sexual, ao valorizar o vínculo exclusivo do par conjugal. Em meio à euforia do projeto civilizatório iluminista, é Rousseau quem encampa para a sociedade burguesa essa proposta filosófica e política em que o amor apaixonado passa a ser a base da construção da família, integrando sexualidade e amor ao casamento. Bem recebida na época pela elite intelectual em geral, tal composição não só se alinhava aos anseios de autonomia dos indivíduos, como previa um arranjo conjugal em que a sexualidade ganhava legitimidade. Em seu minucioso trabalho de pesquisa sobre a era burguesa, Peter Gay (2000) denuncia como a imaginação do século XIX vai ficar capturada pelo componente físico da vida erótica e pelas estratégias de conquista sexual, com suas promessas de êxtase. Era necessário que a bandeira do amor servisse de norte para os excessos do sexo, e não faltava literatura cuja finalidade era a mostrar os destinos trágicos do apaixonamento quando este não se enquadrava na construção da família. O amor poderia incluir os suspiros do sexo, mas deveria seguir um percurso de sensatez e atender aos compromissos de criação dos filhos, reprodução da família e formação do cidadão. Esse era o cenário denunciado por Freud (1908), em que a dupla moral burguesa expunha as limitações impostas pela cultura à satisfação sexual, principalmente das mulheres, chamadas a privilegiar seu papel de mãe. A literatura romântica da época incentivava o amor como remédio aos excessos do sexo e prescrevia destinos trágicos às paixões femininas que se afastavam do modelo familiar burguês. E o *amor verdadeiro* seguia incólume como ideal de felicidade, como se constata pelos inúmeros romances da época cujas histórias de amor descreviam os mais variados sentimentos, assim como as angústias e os sofrimentos vividos por seus protagonistas em torno deste objetivo maior: a realização do ideal de amor. Tal repertório literário não só alimentava a idealização romântica do amor, como propiciava cenários de encontros e experiências amorosas cujas paixões e desesperos passam a colorir as fantasias humanas. Essas narrativas românticas se encaixavam na ideologia individualista em curso e ajudavam a criar uma interioridade psicológica com identidades fundadas em sentimentos íntimos, o que produzia uma subjetividade e uma experiência amorosa inédita. Nascia um novo conhecimento, uma ciência do homem, de suas particularidades e singularidades, expressa por uma nova linguagem, autorreferente, com sujeitos capazes de falar de si.

Ao se consolidar em um ideal reverenciado pela sociedade, suporte desse modelo de família, o amor romântico se torna parte do horizonte futuro da vida de cada um, uma aspiração poderosa que acena com a possibilidade de uma felicidade humana terrena em contraposição aos antigos ideais religiosos.

Essa nova família ocidental moderna absorve a emancipação de uma subjetividade que será objeto de estudo de Freud e que atestava um modo de relação conjugal entre homens e mulheres, formado sem coerção social parental e baseado em uma escolha livremente consentida entre os mesmos (Roudinesco, 2002). Psicanálise e interioridade subjetiva parecem juntar-se na Modernidade para caucionar a ideia do amor romântico e seu particular contexto familiar.

Ao ser alçado a personagem principal, o amor que pressupunha uma gratificação erótica e um encontro entre o homem e a mulher abre um amplo debate cultural sobre a vida amorosa e a sexualidade humana, a dominação entre os sexos e suas diferenças quanto a essa gratificação. A psicanálise participa de forma efetiva dessa reflexão e de suas ressonâncias, e são esses personagens, principalmente as mulheres, que proporcionarão a Freud a matéria-prima com a qual ele irá construir seu arcabouço teórico. Assim como o amor romântico, a psicanálise é filha de seu tempo, ao mesmo tempo em que contribuiu para o desenvolvimento deste, introduzindo ideias e conceitos que hoje fazem parte do senso comum.

Por outro lado, a apologia rousseauniana de uma felicidade que seria conquistada por meio do laço amoroso, sexual e exclusivo entre um homem e uma mulher promove a constituição não só de uma nova família como de uma convivência familiar mais centrada em um núcleo pai-mãe-filhos, transformando-a em uma fortaleza afetiva restrita, o que funda a vida privada e íntima, característica da era burguesa.

Como bem aponta Roudinesco (2002), os casamentos realizados por amor começam a apresentar, a longo prazo, um esgotamento do desejo e um desencantamento do sexo, dando margem ao surgimento de uma relação muito próxima entre mãe e filho. O bem-estar familiar, item privilegiado da sociedade da época, gira em torno desse *ninho* e a mulher-mãe ganha as atenções e a reverência da sociedade. O amor materno passa a ocupar um espaço jamais conquistado anteriormente na história da humanidade e o corpo da mulher-mãe é alçado ao lugar de um paraíso originário.

Esse é o contexto especial apontado por Ariès (1986), marca do surgimento da infância na era moderna, que, para além da preocupação social em produzir cartilhas e especialistas que preenchessem quaisquer limites ou insuficiências da vida familiar e do futuro adulto, alimenta a ideia de um tempo feliz protegido pelo amor dos pais e principalmente pelos cuidados de uma mãe amorosa. Como lembra Calligaris (2003), a ideologia individualista que surge com o desencantamento do mundo contribui para incrementar o valor que passa a ser atribuído às crianças, única promessa de algum tipo de continuidade dos sonhos dos adultos, ao estender o sentido e a expectativa de suas vidas para além do limite de sua sobrevivência individual.

Embora fosse condição e critério de sucesso dos casamentos, o amor não consegue garantir o eterno romance conjugal. A infância assume o prolongamento desse ideal de amor e felicidade irrealizável na aspiração de um tempo feliz e perdido. Os filhos passam a representar a esperança da realização dessa felicidade almejada pelos pais, e o amor dos pais a seus filhos se alimenta da possibilidade de assisti-los transformarem-se na imagem da felicidade idealizada por eles. Surge assim um circuito amoroso fundamental para a subjetividade moderna. O ideal de amor romântico, com seu valor político e cultural de regulador das relações entre os homens e as mulheres, articula--se a esse estreitamento do vínculo mãe-criança e produz um realocamento do ideal de felicidade na infância.

As concepções freudianas não escapam da ideologia do amor romântico, cuja força Gay (2000) se encarregou de demonstrar, ao nos presentear com capítulos inteiros sobre o burburinho suscitado pelo advento do *amor verdadeiro*. A nova conjugalidade idealmente constituída pela força dos sentimentos íntimos se encaixava com o pensamento moderno, segundo o qual cada indivíduo deveria construir seu próprio destino e seu próprio eu, rumo a um futuro que não dependeria mais dos deuses. A aposta no futuro passa a significar uma aposta em novos sentidos para a existência humana que acenassem com maior satisfação, prazer e conforto. Entretanto, a classe média, os burgueses por excelência, ficavam divididos entre a premência de tais sentimentos e o rigor de sua consciência, confusos e temerosos diante do libertinismo da aristocracia e a audácia de seus livros sobre a geografia cínica do amor. Esse dilema ajudava a incrementar o valor de *verdade* ao amor romântico, que, para além da felicidade com que a liberdade da obtenção de prazeres mundanos acenava, prometia um destino longevo aos ruídos das paixões sexuais. Em troca, o *verdadeiro* amor exigia sacrifícios e renúncias que faziam parte dos códigos moralistas que tingiam os valores burgueses dirigidos a todos, mas, principalmente, às mulheres, exigindo-lhes virgindade, fidelidade, monogamia, pureza.

Por outro lado, a conquista dessa individualidade autônoma deflagrada pelos novos ventos da Modernidade não cessaria de se impor, ainda que timidamente, dentro do círculo doméstico. À medida que o poder familiar vai se restringindo e os interesses pessoais aumentando em consonância com a exigência de simetria na relação entre os pares conjugais, as mulheres vão ganhando espaço público e, com o advento dos métodos anticoncepcionais, conquistam o direito ao amor livre, ao aborto e ao divórcio. Homens ou mulheres, cada um se torna o único ou o principal regulador de suas práticas afetivo-sexuais, assumindo a liberdade para experimentá-las e gerenciá-las. Sem as amarras das regras tradicionais de aliança, homens e mulheres, homossexuais ou não, começam a formar seus pares fundados somente em escolhas amorosas e mantidos por acordos e negociações. Tal liberdade incide tanto nas escolhas dos parceiros quanto nas decisões de interrupção das relações quando estas se mostram impossibilitadas de cumprirem os acordos estipulados.

É diante da conquista de tal liberdade que Costa (1998) tentará demonstrar o impasse criado pela naturalização do ideal de amor romântico, que impediria as pessoas de perceberem ser ele produzido culturalmente e, assim, contraditório em suas injunções para com a atualidade. Ao seguirem-no, não como item importante de satisfação amorosa e sexual pessoal, mas como ideal inalcançável, sem admitir seu anacronismo, as pessoas se sentem incompetentes e caem em apatia ou descrença em relação ao amor e a si mesmas.

Seu argumento guarda semelhanças com aquele empreendido por Freud em *Moral sexual "civilizada" e doença nervosa moderna* (1908), quando acusava as limitações impostas pela cultura à satisfação sexual de homens e mulheres (principalmente destas últimas) como sendo patógenas, já que o exagero da renúncia pulsional seria pago com a neurose. Enquanto Freud aponta a repressão sexual da era burguesa como geradora de um empobrecimento da experiência erótica dos sujeitos de sua época, Costa mostra a incompatibilidade entre a aspiração amorosa romântica e as novas condições culturais de constituição dos pares conjugais. Ambos compartilham da busca de opções mais satisfatórias para a vida amorosa de seu tempo e da preocupação com as condições que a cultura oferece para essa satisfação.

Mas, ao acompanhar Freud em suas descobertas clínicas sobre a vida amorosa, percebe-se um deslocamento do acento sobre o papel da cultura na repressão da sexualidade para uma interdição necessária da relação primitiva e incestuosa com os objetos originários, responsável tanto pela possibilidade de novas escolhas de objeto como pela busca permanente de um tempo imaginado como perfeito e pleno. A causa das patologias não parecia ser redutível apenas à oposição entre a satisfação da sexualidade e a interdição da cultura, e sua repressão social poderia ser um efeito da necessidade interior de regulação do prazer e do gozo.

Para além das constatações sobre as mudanças socioculturais unanimemente reconhecidas, ao investigar as razões subjetivas da permanência do ideal de amor romântico nos dias de hoje, Costa concentra-se no que para ele seria um equívoco, ou seja, a insistência da aspiração da junção amor e sexo convergindo na escolha amorosa de um único sujeito. Afirmando ser o sentimento amoroso um sentimento de apego independente da atração sexual, tanto teórica quanto empiricamente, e que a sexualidade estaria hoje desembaraçada de sua antiga repressão, ele desvincula o ideal cultural de amor romântico de qualquer conteúdo psíquico privilegiado. Sua análise sobre a incidência do romantismo nas relações amorosas atuais coloca o discurso da psicanálise e da maioria dos psicanalistas como cúmplices de uma interpretação de amor que privilegia "um padecimento necessário, ou uma forma paradoxal que se tem de gozar com a própria imagem narcísica projetada no amado e renunciar simultaneamente às promessas de completude narcísica, vivendo a finitude de um sentimento que se deseja ser eterno" (Costa, 1999).

Na sua visão, o amor teria uma gênese diferente da sexualidade e, para fundamentar sua hipótese, utiliza-se do trabalho de Balint, que desvinculou erotismo e amor por intermédio da noção de ternura desenvolvida por Ferenczi, para quem haveria um amor terno como produto de uma manifestação espontânea da criança e não efeito do recalque sobre a sexualidade perversa polimorfa. Assim, existiria um amor incondicional e não secundário, como propõe Freud, e o desenvolvimento das relações objetais amorosas não coincidiriam com o desenvolvimento das relações objetais sexuais. Ao desvincular o ideal amoroso de um efeito obrigatório do desenvolvimento psicossexual e colocá-lo como um fenômeno cultural e opcional, é possível criticar sua permanência, já que sua função reguladora importava muito mais para o século burguês do que para a cultura atual. Convida os sujeitos a se desfazer dessa *teia de crenças* que fez do amor um mero apêndice sentimental do sexo e propõe um ideal amoroso livre das exigências históricas do amor romântico, que, ao persistir hoje, provocariam as depressões amorosas.

Não há como negar que o amor romântico seja um tema que habite as paragens sócio-históricas e possua data de fabricação; que sua instalação e permanência, além de ser atestada pela Modernidade, deva seu incremento à especial conjuntura da família nuclear; que a psicanálise tenha se alimentado de suas bases ao dar ouvidos às singularidades das dores e êxtases produzidos pelos seus efeitos; e que muitas das aspirações dos indivíduos contemporâneos entrem em contradição com seus ideais. Entretanto, embora seja um ideal historicamente construído, ele ainda hoje produz efeitos de um real, e não nos parece ser apenas uma ilusão datada ou uma narrativa que envelheceu, já que não só move a produção de um acervo poético, como está no centro das escolhas amorosas. Parece-nos necessário colocar uma lente de aumento nas razões de sua permanência na atualidade, principalmente por se constituir em questão recorrente na clínica psicanalítica.

Para isso, pensamos em analisar as descobertas sobre a subjetividade amorosa feitas pela psicanálise freudiana, que nasce no seio desse ideal e, portanto, na Modernidade, contrapondo-a às mudanças da cultura contemporânea. Ao buscarmos uma definição de amor romântico, percebemos que esse ideal leva em conta uma união conjugal duradoura e exclusiva, que implica um sentimento de completude amorosa e sexual. Lejarraga (2002, p. 31) ainda lembra que "o objeto escolhido deve ser único e insubstituível", já que para o sujeito do amor romântico seu objeto é permanente e exclusivo, fazendo com que ele não tenha que "sentir desejo sexual por outro objeto, o que o torna fiel, sem necessidade de imposições externas", e mantendo-se como o "único que pode verdadeiramente produzir uma satisfação sexual plena". A fidelidade, portanto, pareceu-nos um item importante não só por ser parte integrante dessa idealização amorosa, mas por se configurar como causa recorrente das dores de amor.

A fim de aumentar nossos dados sobre a aspiração romântica nos mecanismos constitutivos das conjugalidades contemporâneas, utilizamos os resultados de duas pesquisas diferentes, ambas nascidas no contexto da rica experiência da Antropologia Urbana do Museu Nacional, no Programa de Pós-Graduação em Antropologia Social, e realizadas com a população de nível universitário da classe média urbana do Rio de Janeiro. Constatamos existir na antropologia, assim como na psicanálise, uma preocupação com as aceleradas mudanças que a Modernidade produz na relação entre os sexos ou gêneros, nos laços amorosos e em sua ligação com a questão da subjetividade.

Na pesquisa realizada por Goldenberg (2004), em 1998, na cidade do Rio de Janeiro, e intitulada "Mudanças nos papéis de gênero, sexualidade e conjugalidade: um estudo antropológico das representações sobre o masculino e o feminino nas camadas médias urbanas", foram analisados 1.279 questionários respondidos por 835 mulheres e 444 homens, de 17 a 50 anos, com nível universitário, em que se comparou as expectativas, os desejos, as dificuldades e comportamentos sexuais de homens e mulheres, sendo que um dos focos do questionário eram os modelos ideais de conjugalidade. A grande maioria de homens (76%) e mulheres (83%) destacou elementos associados ao ideal amoroso romântico como modelo de união conjugal ao aspirar uma relação mais duradoura com um único parceiro. Ao se cruzar essas respostas com as que enfatizam a liberdade e a individualidade, para ambos os sexos o modelo ideal de vida conjugal também deveria preservar a individualidade e o respeito à privacidade, além de privilegiar a independência financeira das duas partes. Seus dados mostraram que, apesar da união permanente entre os casais ter sofrido grandes transformações, o ideal romântico permaneceria existindo para os dois de forma majoritária. Por outro lado, mostra que tanto homens quanto mulheres relataram viver problemas diretamente associados às dificuldades para a realização do amor romântico, revelando uma contradição em relação ao desejo de casar ou viver um relacionamento afetivo estável, duradouro e monogâmico. Dentre esses problemas, os mais citados foram os ciúmes e a infidelidade, que confirmariam a convivência de sentimentos discordantes, como o desejo de manter a individualidade com liberdade e a aspiração a uma relação exclusiva.

A pesquisa de Goldenberg comprova o argumento de Costa ao revelar que o ideal romântico resiste às mudanças do mundo atual e às novas exigências do individualismo libertário. Também ela vê a permanência do amor romântico como ideal de felicidade das uniões conjugais como um dos paradoxos da atualidade, sendo o par fidelidade/infidelidade um dos indícios mais elucidativos disso, diante da aspiração de ambos os sexos por uma exclusividade sexual que deve conviver com uma suposta intenção de liberdade. Outro dado que a pesquisa destaca são as diferenças atribuídas a cada um dos gêneros, tanto para o peso dado aos ideais românticos, quanto para a fidelidade. A infidelidade foi em geral referida à quebra da confiança mútua que seria esperada entre os parceiros e pode significar desde beijar, *ficar*, ter relações sexuais, até se interessar por outra pessoa. Nesse caso, a infidelidade consistiria no rompimento de um pacto estabelecido implícita ou explicitamente pelos parceiros, podendo ser associada à mentira, sendo a *confissão* vista como um atenuante em alguns casos.

Na pesquisa, 60% dos homens e 47% das mulheres revelaram já terem sido infiéis e, apesar da distância entre os dois sexos não ser tão significativa, Goldenberg revela que os motivos que levariam os homens e as mulheres à traição seriam diferentes. A grande maioria dos homens teria apontado a atração física, enquanto as mulheres, a insatisfação com os parceiros, a vingança ou a constatação de não serem mais desejadas.

Na pesquisa de Heilborn (2004) foram entrevistados pares conjugais heterossexuais e homossexuais masculinos e femininos, entre 35 e 45 anos, no universo social das camadas médias urbanas cariocas, propondo-se a compreender as bases subjetivas e sociais de sua constituição e comparar suas expectativas e soluções. Essa proposta colocou a autora em contato mais íntimo com casais, o que lhe permitiu perscrutar suas idiossincrasias e expectativas, bem como os modos como se constituem, se mantêm ou se separam. O que se revelou foram mecanismos sutis e inconscientes pelos quais a assimetria dos gêneros se impõe a sujeitos comprometidos com a ideologia do individualismo moderno.

Para a autora, o dilema do casal igualitário moderno seria a preservação do senso de individualidade. Por se constituir numa relação com altas expectativas de completude, já que armada em torno do *amor romântico*, a manutenção do vínculo é vista como bastante árdua e muitas negociações precisam ser feitas para que se possa administrar a *bem-vinda e necessária* intimidade, evitando-se invadir os limites da privacidade também *necessária* de cada um dos pares. No entanto, a aspiração ao casamento é inefável e o amor dita as razões. A conjugalidade é vista como um gerenciador importante da vida sexual de cada cônjuge, embora o valor atribuído a esse tipo de vínculo não afaste as possibilidades de separação, que se impõem diante dos dilemas que surgem quando há relações extraconjugais, ameaças constantes e complexas para a manutenção da união.

Ambas as pesquisas apontam tanto para a permanência de um ideal romântico na constituição dos pares conjugais para ambos os sexos, quanto para as dificuldades e entraves do gerenciamento do ideal de igualdade e liberdade da cultura moderna. Em geral, a pretensão de igualdade se problematiza diante da assimetria dos gêneros e revela uma singularização que escapa aos limites de uma pesquisa antropológica. Os dilemas e conflitos que a liberação da vida sexual para ambos os sexos impõe na constituição e na manutenção dos pares conjugais, no entanto, não parecem impedir que o amor funcione como um amálgama importante em suas vidas amorosas. A maioria ainda aposta em uma união duradoura e exclusiva, ainda que reconheça a dificuldade de se manterem fiéis aos seus parceiros, um dos motivos mais apontados como fator de desajuste entre o ideal almejado e a experiência vivida. Nesse sentido, a manutenção do ideal romântico não parece estar a serviço de uma visão nostálgica que sonharia em ter de volta a ilusão romântica burguesa ou as antigas imposições e restrições às vidas sexuais dos sujeitos, assim como não parece deixar de computar as dificuldades da manutenção de um vínculo duradouro. A revolução sexual seria inseparável das transformações no campo das relações amorosas, e é de conhecimento de todos que para se gozar dos prazeres do sexo não é mais necessário se apaixonar ou assumir laços obrigatórios. É a constatação da existência de uma ampla faixa etária, abrangendo desde adolescentes até homens e mulheres em torno de 50 anos que seguem sonhando com uma relação amorosa romântica, o que nos instiga a refletir sobre as razões da longevidade de tal crença.

Sendo o tema do amor romântico amplo, apresentaremos no primeiro capítulo um breve panorama histórico dos caminhos do amor e da sexualidade até o século burguês, época em que é possível analisar o auge da idealização romântica do amor e sua articulação com o nascimento da psicanálise e da subjetividade moderna. O objetivo deste capítulo é demarcar, ainda que de forma resumida, a montagem dos fundamentos da vida passional moderna e a constituição de uma subjetividade que pôde ser analisada pela psicanálise.

Tendo em vista que a partir da Modernidade se constata a passagem de um imperativo cultural de repressão sexual, característico dos primórdios da teoria psicanalítica, para o extremo oposto, em que somos impelidos a gozar sexualmente, e a fim de analisarmos minimamente o lugar da fidelidade sexual dentro desta passagem, optamos por recensear sua história no segundo capítulo, articulando-a tanto à normatização da sexualidade, à sua ligação com o sexo e o amor, como à sua presença nas uniões conjugais. Com o intuito de estudar alguns deslocamentos de seu valor moral, buscamos em Foucault (1984) algumas referências sobre a história da fidelidade em casamentos dos primeiros séculos da Antiguidade, comparando-as com a Era Cristã, o século burguês e a atualidade, para destacar, assim, seu alcance político e seu impacto sobre os processos de subjetivação.

Uma referência importante sobre a Modernidade nos séculos burgueses (final do século XVIII, todo o XIX e começo do século XX) será a obra de Peter Gay, *A experiência burguesa da rainha Vitória a Freud* (1999, 2000), que dá destaque especial ao incipiente e disruptivo discurso psicanalítico.

Como lembra Foucault (1984), sendo o sexo acesso à vida do corpo e à vida da espécie, ele passa a ter lugar de destaque nos discursos médicos, políticos, jurídicos, religiosos e psicológicos. A sexualidade, como uma ciência do sexual, surge na Modernidade pretendendo focalizar a saúde dos indivíduos, criando dispositivos e normas para o prazer sexual, um biopoder e uma bioética. A psicanálise se alimenta desses discursos e empreende um projeto de conhecimento da sexualidade humana desenhada pelo inconsciente. Ao apontar o recalcamento da sexualidade das histéricas no final do século XIX, ela também salientou o lugar de fantasia desse sexual, produzindo uma teoria singular sobre a sexualidade humana em que o sujeito é, ao mesmo tempo, livre por sua sexualidade e coagido por ela. Mas, também destacou o lugar do amor, articulando-o à relação original com a mãe, à constituição do eu e à formação dos ideais. A subjetividade amorosa ocupou desde sempre um lugar central na clínica e na teoria psicanalítica, servindo ao mesmo tempo de sujeito e objeto de suas pesquisas.

Nesse sentido, no terceiro capítulo empreenderemos uma busca aos textos freudianos, a fim de resgatar em seu percurso teórico suas teses sobre a vida amorosa de homens e mulheres de seu tempo, incluindo suas discussões a respeito do casamento monogâmico e da fidelidade sexual. Em Freud, é necessário falar em fidelidades, já que ele não só aponta a origem do sentimento de exclusividade na idealização amorosa vivida na relação originária com a mãe, como mostra que tanto a perda amorosa originária quanto a edipiana serão responsáveis pelos sentimentos de ciúmes e rivalidade na luta por essa exclusividade, o que aponta diferentes matizes no destino da exigência ou da possibilidade de ser fiel aos objetos. Desde os seus primeiros textos, Freud marcava tanto a impossibilidade de se manter um vínculo amoroso e sexual eterno sem as tentações contínuas de infidelidade, como o fato de a exigência de fidelidade criar um impasse nas uniões conjugais, ao lembrá-las de sua existência precária e sem-garantias.

Quem sabe por se constituir como um *real* da ilusão do mito da completude amorosa prometida pelo amor romântico, a fidelidade sexual atravessou os séculos modernos sendo tema recorrente de filmes, novelas, músicas e romances. Alimento incansável do repertório que compõe o imaginário cultural amoroso, as infidelidades detonam dores e sofrimento provocados pelas experiências de perdas ou pelas vicissitudes que rondam as expectativas de fidelidade sexual. Por esse motivo, no quarto capítulo empreenderemos uma análise de um filme paradigmático dos amores contemporâneos, *Closer* ou *Perto Demais* (versão em português), onde a fidelidade sexual funciona como um vetor a demonstrar tanto a centralidade quanto a precariedade do amor na constituição dos pares modernos e suas motivações inconscientes, nos impasses que se apresentam na manutenção desses pares, e nos conflitos psíquicos que daí decorrem, não só os referentes às diferenças entre a aspiração (ideal) e a experiência, como aos que advêm das dificuldades que essa experiência aponta nas tentativas de solucionar os contrastes entre o que se quer, o que se pode eo que se teme.

Pensamos utilizar esse filme levando em conta alguns predicados que ele nos oferece e que poderiam nortear nossa análise:

(1) Ao longo do roteiro, os quatro personagens compõem, entre si, diferentes casais, buscando um vínculo amoroso e sexual;

(2) as experiências de infidelidades são narradas levando-se em conta tanto os sentimentos de quem traiu quanto os de quem sofreu a traição, o que possibilita uma análise mais detalhada dos rompimentos que se seguem;

(3) essas mesmas narrativas permitem detectar certas singularidades das reações às infidelidades, seja entre os diferentes gêneros seja de cada personagem;

(4) o filme tem como cenário uma grande metrópole, seus personagens pertencem à classe média, tem idades entre 30 e 40 anos, guardando muitas semelhanças com os indivíduos das duas pesquisas utilizadas em nosso trabalho;

(5) os personagens são contemporâneos e vivem suas experiências amorosas nos moldes de um individualismo radical, o que retira o valor moral das convenções sociais e coloca-o no foro íntimo, abrindo oportunidades de analisar o modo como cada um resolve os conflitos morais e subjetivos que rondam suas experiências amorosas;

(6) a mesma contemporaneidade permite focar as subjetividades em suas adequações ao contexto sociocultural atual, possibilitando apontar as nuances dos pares conjugais e sua relação com a fidelidade sexual.

Com este percurso imaginamos poder discutir algumas das questões que rondam os consultórios de psicanálise e que se referem aos conflitos entre a aspiração de se constituir uma união conjugal duradoura nos moldes do amor romântico e as dificuldades e negociações exigidas pela manutenção desse par ou as vicissitudes do rompimento quando as infidelidades são o pivô dos conflitos.

1.

O AMOR ROMÂNTICO E SEU PAR: A SUBJETIVIDADE

> "Amo-te como um bicho, simplesmente / De um amor sem mistério e sem virtude / Com um desejo maciço e permanente. / E de te amar assim, muito e amiúde / É que um dia em teu corpo de repente / Hei de morrer de amar mais do que pude".
>
> ("Soneto do Amor Total", Vinicius de Moraes)

É sempre difícil situar a complexa presença do amor na história humana, sua ligação nem sempre pacífica ou unânime com a sexualidade, os grandes debates em torno de seu caráter mais divino ou mais humano, mais sagrado ou mais profano, mais narcísico ou inclusivo, imanente ou transcendente. A maneira como se articula com a felicidade, o bem-estar, o prazer, a plenitude, ou com o sofrimento, a renúncia, a postergação e a eternidade... Em todos os tempos, filósofos, teólogos e pensadores refletiram sobre o valor do amor em sua época, defendendo, muitas vezes à exaustão, seu ideário vigente ou suas mudanças e contribuindo para a manutenção de seu lugar privilegiado nas mais diversas culturas ocidentais.

Embora o amor seja de todos os tempos, exista em todas as partes e desde sempre tenha sido tema predileto dos poetas, estes a quem foi dado o privilégio de expressar seus mistérios, segundo Rougemont (1988), nossa acepção de amor moderna e ocidental é uma invenção relativamente recente e diz respeito a uma relação exclusiva entre um homem e uma mulher que aspiram a se unir na busca de uma completude feliz. Se a relação amorosa e o casamento já existiam desde a Antiguidade, foi no século burguês que a conjunção amor, casamento e sexo deu origem ao *amor romântico*. Sabemos que esse arranjo especial deve suas razões a inúmeros fatores tanto sócio-histórico, como ideológicos, mas nosso objetivo será o de tentar resgatar resumidamente o percurso histórico dessa particular junção de amor e sexo nas relações amorosas entre os pares e articulá-la ao surgimento da psicanálise freudiana.

A referência-mor de literatura sobre o amor, ao menos no Ocidente, é *O Banquete* de Platão e seus sete discursos que tentam catalogar os diferentes tipos de amor. Vem daí seu sentido mais reverenciado, ligado ao Bem, ao Belo ou ao Verdadeiro, visando uma ascese, que será incorporado tanto pela Igreja católica quanto pelo amor cortês e seu sucessor, o romântico. Cada um desses discursos amorosos vai privilegiar aspectos dessa fonte maior de acordo com as exigências culturais e civilizatórias de sua época, aspectos estes que incluem a distância com que o amor sensual se posiciona em relação ao amor com sentido de Bem Supremo.

As referências a *O Banquete* de Platão se repetem ao longo dos séculos, provavelmente pelo fato de que o amor transcende o registro de nossas representações conceituais tanto para definir sua natureza, quanto para descrever suas manifestações. Ainda assim, para Aulagnier (1985), a ousadia de Platão só seria suplantada vinte e cinco séculos depois, quando Freud se propôs a investigar o enigma do desejo na tentativa de desmistificar o que há de irracional e de sagrado no amor. Verhaeghe (2001) discorda dos que afirmam que Freud teria reduzido o amor às pulsões. Para ele, Freud estudou o amor como algo isolado ainda que articulado à vida pulsional e, embora não proponha nenhuma definição em especial, distingue-o da paixão e aponta sua base na relação mãe-filho, colocando-a como modelo de transferência para as futuras escolhas amorosas.

Ao manter o texto de Platão como fonte, as tentativas de apreensão do amor na sua *realidade* por pensadores de todas as épocas acabam por reduzi-lo ou a uma viagem de iniciação ao Supremo Bem ou ao Espírito Absoluto, e perdem com isso o tumulto da experiência amorosa (Kristeva, 1988). É ela, a experiência amorosa, que se serve da poesia, e é principalmente essa experiência que marca as mudanças e a evolução da cultura na sua relação com o amor.

Em seu texto "Utopia sexual, utopia amorosa", Costa (1998)[1] tenta suprir esse vazio, ao se debruçar sobre as mudanças dessa experiência amorosa ao longo dos séculos, que, segundo ele, teria realizado não só uma humanização do objeto amado como também deslocado o acento do objeto do amor

---

[1] Esse texto é um dos ensaios produzidos para o livro *Sem fraude nem favor*.

para o sujeito do amor. Entre o final da Idade Média e o começo da Modernidade, segundo Monzani (1995), teria havido uma intimização subjetiva do amor. Se para os antigos e os cristãos o amor ansiava possuir o objeto amado, imortal por natureza, aos poucos ele foi se transformando em desejo interior de cada indivíduo. Nesse sentido, de sublimado a idealizado, o amor foi acolhendo em sua história ocidental um discurso sobre esse *tumulto* a que se refere Kristeva.

Esse deslocamento objeto-sujeito do amor acontece *pari passu* a uma crescente interioridade, auxiliada na Era Cristã pela *poetização religiosa*, ou seja, pela reflexão sobre os sentimentos conflituosos que as paixões terrenas provocariam quando contrastadas ao amor a Deus. Foi Santo Agostinho quem convidou o homem a buscar Deus dentro de si e a se definir perante Ele, obrigando-se a submeter suas paixões terrenas a um debate íntimo entre os apelos sexuais e agressivos a que se sentia exposto e às restrições e condenações impostas pelos preceitos religiosos.

Como constatou Foucault (1985), na Antiguidade os prazeres relativos ao sexo, à bebida e à comida entravam no rol do domínio das paixões, quesito reverenciado e reconhecido na *pólis* e condição para o Amor Supremo que continha o sentido da perfeição ética. Os primeiros séculos cristãos teriam herdado esse pensamento, reservando ao sexo o lugar das paixões terrenas e condenadas e a Deus o lugar do amor eterno e absoluto.

De maneira geral, as alusões ao amor nos antigos parecem remeter a um ideal de harmonia, unidade absoluta e perfeição aos quais se supunha ser possível chegar, e, embora o amor sensual não fosse condenado, o domínio sobre seus excessos era visto como degrau rumo à conquista dessa felicidade. Essa ética antiga contrasta com a dos estoicos, para os quais a elevação da alma e a grandeza do espírito só seriam alcançadas pela contenção das paixões da carne. O ato sexual ficaria restrito à procriação e seus prazeres, condenados. A ética cristã encampará esses valores.

A grande expansão do cristianismo talvez se deva ao fato de ter acrescido à crença antiga no amor como uma busca de felicidade absoluta, a eleição de um pai onipotente no lugar da transcendência indefinida do Supremo Bem, pai este que passava a ter poderes de gratificar e condenar os percursos de cada um rumo ao amor por Ele. Também é provável que o peso dado à sexualidade como obstáculo ao verdadeiro amor fosse proporcional a uma crescente preocupação cultural com a incapacidade dos homens para gerenciar o seu autodomínio sem um guia espiritual. Impõe-se, como constatou Foucault, uma necessidade de disciplinar ou regular o sexo. Ao limitar a sexualidade à atividade genital *desejada por Deus*, a Igreja tentou naturalizá-la e normatizá-la, julgando os desvios contrários a essa natureza como uma experiência culpada, carregada de pecados.

Para Kristeva (1988), o amor a Deus também pretendia responder à necessidade de limitar *o amor de si* ou o egoísmo, além de impedir as decepções da busca amorosa ao eleger um objeto absoluto. A gradual humanização do objeto de amor provocará ao longo dos séculos um desvio do gerenciamento da experiência amorosa e sexual para o próprio sujeito, típico do amor romântico moderno. Nesse sentido, a cuidadosa distância a que a *dama* era colocada no amor cortês teria sido uma média medida desse deslocamento.

Ao cindir de um lado o amor e de outro o *amor de si* e o sexo, a Igreja católica produziu uma literatura importante sobre a luta íntima que cada um travava pela necessidade de renunciar aos apelos das paixões sexuais e agressivas e aos desejos de ser amado e reconhecido por seus semelhantes, a fim de se sentir digno do amor divino. Esse conflito que supera a simples divisão entre o Bem e o Mal coloca o amor *a* Deus como provação e o amor *de* Deus como troféu aos que vencem o tormento, as dores e os sofrimentos dessas paixões. A Igreja se manterá por muitos séculos como uma instituição reguladora da moral e dos costumes da civilização ocidental, impondo sacrifícios de prazeres considerados nocivos ao convívio social dos homens. Sabemos como o tema *da renúncia às paixões humanas* será pensado por Freud enquanto base para os pactos sociais que fundam ou mantêm as civilizações e o quanto essa renúncia está ligada à interdição de um gozo.

Nesse sentido, Verhaeghe (2001) convida-nos a pensar o par interdito/desejo nascido na Era Cristã como tendo sido antecedido por um interdito das pulsões na Era Grega. Para ele, o núcleo da moral grega é a preocupação com o domínio de si (*enkrateia*) combinado com a temperança e sabedoria (*sophrosyne*), com o objetivo de alcançar a condição de soberania e suficiência sobre si mesmo e se libertar das servidões interiores. Com isso, os gregos, com exceção do incesto, não tinham um interdito sobre o prazer de suas práticas sexuais, e sim sobre a entrega desenfreada a esse prazer. Por outro lado, a transgressão desse interdito geraria um sentimento de vergonha ao cidadão, que se sentiria excluído ou segregado do processo civilizatório. Tal lógica não se manteve na civilização ocidental, berço do cristianismo. A Era Cristã desloca o acento da pulsão para o desejo e o submete às leis de Deus. A culpa e a punição se incorporam à moral e se articulam às exigências da cultura cristã. O desejo fica dividido entre o que se quer e o que se teme, e o sentimento de culpa colore os que transgridem as regras de Deus. Sem dúvida, a coação divina contribuiu para essa divisão e para o nascimento dos sentimentos relativos às paixões que, a partir da Modernidade, passarão a ser a medida da interioridade humana, inaugurando uma dimensão reflexiva que começa a permitir ao homem falar de si. A partir das reformas cristãs propostas por Lutero, a relação do homem com Deus passa a ser individual e não mais hierarquicamente determinada, e ele começa a buscar a verdade dentro de si, corroborando com a produção de uma interioridade que será valorizada na Modernidade.

É graças a essa interioridade que na obra freudiana a experiência amorosa irá ocupar um lugar privilegiado, e será na tentativa de decifrar esse *tumulto* que Freud percorrerá seus caminhos para saber o que eles revelam nas dores, nos sofrimentos, nos lapsos, nos sintomas, nos delírios e nas alucinações.

Momento cultural turbulento de grande debate sobre as paixões terrenas e elevadas, Freud viveu no apogeu de nosso personagem principal, o amor romântico.

O amor romântico tornou-se norma das relações amorosas na Europa do século XVIII ao final de um percurso de laicização do amor operado pela Modernidade, que não só o transformou em desejos do corpo e da alma, visando atender às suas demandas de prazer, como também em um ideal de felicidade muito valorizado.

O amor cortês que, segundo Rougemont (1988), antecedeu o amor-paixão romântico, nasceu no século XII com os trovadores e era submetido a um conjunto de regras e códigos específicos. Essa modalidade de amor guardava semelhança com o antigo e o cristão, ao colocar o objeto amado, a dama, como inacessível, mas produziu uma importante humanização do objeto de amor, além de valorizar a figura da mulher. Toda a literatura da mística cristã aparece no discurso do amor cortês quando associado à dor, ao sofrimento e à promessa de felicidade. O amor romântico teria herdado essa idealização do objeto amado, os tormentos, dores e frustrações das tentativas de obtê-lo e a paixão da conquista, o que enfatizava o sujeito do amor.

O adjetivo romântico teria precedido o movimento conhecido como romantismo. Loureiro (2002, p. 85) relata ter sido esse adjetivo empregado no início (século XVII) de modo pejorativo, "associado ao irreal, quimérico, extravagante e absurdo", para depois adquirir uma valoração positiva, indicando um atributo atraente e imaginativo, perfazendo em seguida um desvio para os sentimentos que ele provocava, ou seja, designando um estado subjetivo. Embora não se possa definir o romantismo sem opô-lo minimamente ao Clássico (tudo o que se refere ao pensamento da Antiguidade) e ao Iluminismo (a razão moderna), a cuidadosa e exaustiva pesquisa de Loureiro sobre o tema com o propósito de cotejar psicanálise e romantismo revela um certo *caos terminológico,* graças à riqueza de seu acervo, que se estende às áreas as mais diversas, como política, cultura, filosofia, religião, literatura, visão de mundo etc.

A visão romântica do amor guardaria certas características importantes do romantismo ao apontar tanto para a supervalorização do indivíduo enquanto singularidade quanto para uma busca ideal de unidade e totalidade com o objeto amado. As produções românticas dessa época são atravessadas por um doloroso sentimento de perda e pela convicção de uma profunda ruptura em todos os terrenos da vida social. O estilo romântico da literatura oitocentista privilegiará de forma sem precedência os anseios amorosos de cada indivíduo em busca de completude, inaugurando um novo mito de amor, cuja meta é a plenitude conseguida por meio da união de dois corpos e duas almas. Como sublinha Gay (2000), o amor romântico, na qualidade de herdeiro das eras passadas, realizará uma síntese das paixões sexuais e amorosas, colocará o sentimento amoroso em um patamar elevado e passará a ser visto como fonte de felicidade e destino pessoal de homens e mulheres, criando um imaginário sociocultural diferenciado e um repertório significativo sobre o que é ser gente, amar, apaixonar-se ou sofrer por amor.

A subjetividade amorosa toma um espaço central na vida dos dois sexos. A literatura romântica alimenta essa nova dimensão de interioridade, fornecendo repertórios importantes para as fantasias humanas e seus ideais amorosos. Essa nova maneira de existir humana voltada para o conhecimento de si abrirá novos caminhos para a posição social da mulher, que aos poucos passa a ser sujeito de uma escolha amorosa.

As concepções sobre o homem no final do século XIX se superpunham. As apostas na razão para se assegurar o lugar de centro do mundo ou na ciência para acabar com o obscurantismo por meio do conhecimento são questionadas pelo discurso do romantismo, da literatura e da psicanálise. Filho declarado do Iluminismo, mas mantendo um *estilo romântico* (Loureiro, 2002), algo que lhe conferia um vigor revolucionário, Freud não se furta em seguir suas intuições a respeito do inconsciente humano, ainda que este lhe impusesse paradoxos constantes. O *ethos* freudiano exigia um confronto com a hipocrisia da época, que impunha silêncio sobre o tema tabu da sexualidade, enquanto seu intuito era reivindicar a inclusão da sexualidade na vida cotidiana. Além disso, o amor romântico, que prometia a junção de amor e sexo e promovia as novas relações amorosas, passa a gerar a base da conceituação de amor para a psicanálise, amor este que será literalmente o pedestal da existência moderna, cujo protótipo não será a relação homem-mulher, e sim a relação mãe-filho.

Para a psicanálise, a fusão ou unidade mãe-filho está na base da constituição do sujeito e o amor é o bálsamo para ambos. A nova ação psíquica que Freud (1914) anuncia no narcisismo é o surgimento de uma representação na qual o sujeito é visto como uma unidade, um eu considerado modelo de perfeição graças ao amor incondicional da mãe. Essa unidade ilusória e necessária é a responsável pelo sentimento de onipotência e de exclusividade. Para o bebê, ele satisfaz a totalidade do desejo da mãe e é essa ilusão que o transforma em eu ideal. Será essa perda amorosa necessária que dará início à busca dessa unidade, busca esta que constitui a dimensão mítica do amor e do desejo de ser amado e que demandará o anseio pela fidelidade.

A palavra materna vai possibilitar tanto o erotismo corporal quanto o reconhecimento do eu como desejado e funcionará como garantia de amor. A biografia amorosa do sujeito irá se delinear tanto pelas fixações de seu desejo erótico a determinados objetos quanto por maneiras singulares de desejar reconhecimento e amor do outro. Estamos no complexo terreno da alteridade, cujas marcas definirão as condições para as escolhas amorosas. São elas que poderão revelar de que maneira o amor será negociado ou exigido. São os diferentes modos de amar que apontam o lugar que a fidelidade será concedida ou exigida aos objetos de amor. Assim como apontam como as infidelidades deverão se articular à figura do terceiro.

2.

Sexo, amor e conjugalidade: um recorte do lugar da fidelidade sexual na história do Ocidente

> "Diz que eu estive por pouco / Diz a ela que estou louco / Pra perdoar / Que seja lá como for / Por amor / Por favor / É pra ela voltar".
>
> ("Desalento", Chico Buarque de Hollanda e Vinicius de Moraes)

A palavra fidelidade, no dicionário *Aurélio*, não traz sua especificidade de ligação com a atividade sexual, apenas indica as qualidades morais de lealdade, firmeza e constância nas afeições e nos sentimentos. No senso comum, entretanto, tanto a fidelidade quanto seu antônimo, a infidelidade, são associadas quase automaticamente à possibilidade ou não de se manter relações sexuais exclusivamente com um parceiro. A ligação da fidelidade, uma qualidade moral, com o sexo, compôs, na Era Moderna, uma complexa e intrincada faceta do amor romântico na constituição dos pares conjugais.

A fidelidade estaria atada ao amor romântico, herdeiro do mito da existência de uma *metade* ou *alma gêmea* que completaria cada indivíduo, possibilitando-lhe finalmente viver uma fusão amorosa completa. Platão, em seu *O Banquete*, faz menção ao mito dos andróginos, seres primordiais que ansiavam tomar o poder de Zeus, que, diante dessa ameaça, parte-os ao meio e os condena a viver vagando pelo mundo em busca de sua outra metade, a fim de refazer sua unidade originária. O romantismo reinterpretou esse mito e manteve a crença de que, no fenômeno amoroso, para cada indivíduo existe um parceiro ideal que irá satisfazê-lo plenamente. Freud (1910) faz menção ao mito dos andróginos em *Leonardo da Vinci e uma lembrança de sua infância*, mas, para salientar a combinação de características masculinas e femininas, atributos de muitas divindades egípcias e gregas que representariam a perfeição absoluta. Mas Bueno (1991, p. 42) revela em seu texto "O casal Freud", por meio da leitura de cartas trocadas entre ele e Marta, um Freud capturado pelo mito romântico de sua época em uma de suas primeiras cartas à Marta: "Sou realmente apenas meia pessoa no sentido da velha fábula platônica que você conhece, e desde o momento em que estou em atividade meu corte dói".

Mito à parte, em matéria de amor e sexo, a questão da fidelidade, da exclusividade sexual de um parceiro e da monogamia têm sido e continuam sendo quesitos reverenciados nas uniões amorosas modernas. Cumprindo um papel sociocultural e religioso importante, a fidelidade sexual serviu à manutenção da família tradicional, regulou a obrigação moral da monogamia e atravessou alguns séculos reinando como norma para acasalamentos no mundo ocidental. Entretanto, há que se reconhecer que a fidelidade sexual, justamente por estar irmanada à sexualidade humana, habita um território complexo e compõe uma teia de significações que vai além da moral, das leis e dos bons costumes.

Ligada tanto à sexualidade quanto à conjugalidade, a história da fidelidade acompanha as grandes transformações ocorridas durante os séculos modernos, em que a promessa de realização de uma política de felicidade guiaria revoluções tanto no âmbito político e sociocultural quanto no das subjetividades. Para Safatle (2003), a psicanálise teria entrado pelos fundos nesse projeto, ao questionar o preço que o sujeito pagaria na busca dessa felicidade. Foucault (1984) insiste que teria sido às custas de uma transformação do sexo; não só pela sua repressão, como queria Freud, mas por sua capciosa valorização. Safatle mostra como para Foucault a repressão não estava na tentativa de silenciar o sexo, e sim nos processos de normatização deste, através da proliferação de discursos médicos, jurídicos e morais sobre a conduta sexual. Gay (1999) confirma a hipótese de Foucault ao esmiuçar esses controvertidos discursos nos séculos XIX e XX, mas mostra que Freud foi essencial ao possibilitar uma leitura inovadora de um imaginário cultural turbulento.

O termo sexualidade, segundo Foucault (1984), surge no século XIX, para designar o desenvolvimento de campos de conhecimento diversos, que cobririam tanto os mecanismos biológicos da reprodução quanto as variações individuais ou sociais do comportamento. Sob esse nome serão instaurados um conjunto de regras e normas, tanto tradicionais quanto novas, apoiadas em instituições religiosas, judiciárias, pedagógicas e médicas. A sexualidade englobaria ainda as mudanças no modo como os indivíduos dariam sentido e valor a sua conduta, seus deveres, prazeres, sentimentos, sensações e sonhos.

A ciência sexual a que Foucault se refere nasce na Modernidade, mas sua pesquisa genealógica sobre a sexualidade será feita sobre os dois primeiros séculos de nossa cultura, mostrando que já havia normas para o casamento, seguido de normas para as relações sexuais do casal, desde a Antiguidade, embora estas visassem mais ao controle dos atos do que dos prazeres. No terceiro livro, *História da sexualidade* (1985), Foucault mostra como a fidelidade se encontra articulada à história dos casamentos na Grécia Antiga, que, embora estivessem mais submetidos às utilidades cívicas, exigiam uma ética dos comportamentos do homem e da mulher. Essa ética, além de dizer respeito à casa, à gestão, ao nascimento e à criação dos filhos, passa a valorizar a relação pessoal entre os cônjuges e a exigir do marido certo respeito em relação à esposa, o que implicava uma nova maneira de se tratar o tema da fidelidade. Esse espaço, antes inexistente para as relações sexuais entre o marido e a mulher, desperta uma série de debates sobre os vínculos humanos, sobre a predisposição ou necessidade humana de viver a dois, as vantagens e inconveniências do casamento. A garantia de uma descendência honrosa e o trabalho para com o sustento da mulher e da prole irão aos poucos transformar o casamento em dever universal, fazendo nascer uma nova erótica, um certo estilo de vida em que cada um dos cônjuges leva a própria vida como uma vida a dois, formando uma existência comum. O casamento se torna um privilégio natural, ontológico e ético de uma relação dual e heterossexual.

Como o casamento visasse em sua origem à descendência, foram construídas normas para as relações sexuais e restrições às ligações extraconjugais de ambos os cônjuges. Mas, se as relações sexuais entre homens e mulheres chegaram a ser admitidas somente sob o regime do casamento, a renúncia ao sexo fora do espaço conjugal era visto como uma honra a si mesmo, um respeito a si e ao outro, ou um princípio austero, em contraposição a uma vida devassa, sem domínio sobre si. A fidelidade, embora se ligasse ao ato sexual, era-lhe transcendente na medida em que se alinhava a outros princípios morais que regiam a convivência entre os homens.

O cristianismo iria se basear nesse *ethos* da antiguidade tardia, acrescentando um tônus pecaminoso a todo sexo que fosse praticado fora do matrimônio ou que não estivesse ligado à procriação. A renúncia que será valorizada como valor moral não estará mais visando um autodomínio em favor do respeito a si e ao outro, e sim um sacrifício individual de controle do saldo de pecados, rumo à bem-aventurada eternidade cristã. Merece destaque a atenção dada ao sexo durante os séculos do cristianismo, que deslocou o foco do ato para o prazer e instituiu, não só a prática da confissão das transgressões sexuais, como também o drama interno da culpa e do remorso por elas, consolidando a ética da culpa e do ressentimento.

Na Grécia Antiga o adultério era condenado tanto jurídica quanto moralmente. Mas o homem que o praticasse seria condenado por ter transgredido *o princípio da fidelidade sob o qual se nasce*, rompendo com um pacto social de respeito mútuo entre os homens da cidade. Por outro lado, se o princípio de simetria entre a fidelidade exigida do homem e da mulher baseava-se na capacidade de ambos de terem domínio sobre si, a renúncia quase completa às relações extraconjugais dos homens dizia respeito a um fator de delicadeza, de uma conduta ao mesmo tempo hábil e afetuosa, assim como seria esperado das mulheres certa sutileza na tolerância que eram obrigadas a conceder. Em *O uso dos prazeres*, analisando os tratados sobre matrimônio na Grécia Antiga, Foucault (1984) relata:

> Nessa ética da vida de casado, a *fidelidade* que é recomendada ao marido é, portanto, algo bem diverso da exclusividade sexual que o casamento impõe à mulher: ela concerne à manutenção do *status* da esposa, de seus privilégios, de sua preeminência sobre as outras mulheres. E, se ela supõe uma certa reciprocidade de conduta entre o homem e a mulher, é no sentido de que a fidelidade masculina responderia não tanto à boa conduta sexual da mulher – a qual é sempre suposta –, mas à maneira pela qual ela sabe se conduzir em casa e conduzir a própria casa. Portanto, reciprocidade, porém dessimetria essencial, pois os dois comportamentos não se baseiam nas mesmas exigências, nem obedecem aos mesmos princípios. (p. 147)

Parece longevo o fato de a fidelidade feminina estar ligada a um cuidado legislado pelos homens, que precisavam manter sob controle a reprodução da espécie e, por extensão, o corpo da mulher. Esse controle do ato e depois do prazer sexual da mulher se estenderá pelos séculos cristãos, adentrando os primórdios da Modernidade.

A ligação da fidelidade com os prazeres sexuais será selada no início da Era Moderna, utilizando como herança a conturbada moral cristã. Tema importante dos códigos morais católicos, o imperativo da monogamia tem seu ápice na Modernidade, com o advento do amor romântico e a constituição do modelo da família burguesa, matriz de uma série de definições no campo das esferas pública e privada que ajudariam a construir seu valor moral natural e a definir os papéis masculinos e femininos, naturalizando sua oposição e hierarquia. Na era pré-moderna, a família regulamentava apenas a aliança. Além de não estar focada na criação dos filhos, também não mantinha controle sobre a sexualidade, que circulava fora, sob os olhares do Estado ou da Igreja. A partir do século XVII, a sexualidade se fecha na família, que, segundo Foucault, a confisca e a absorve, passando a regulamentar os prazeres. É da interação do corpo com a regulamentação social vigente que emerge a sexualidade, e na Modernidade a lei e o desejo se entrelaçam e prescrevem a regulamentação tanto da aliança, do sistema de matrimônio e parentesco, de transmissão de nomes e bens, quanto da sexualidade em si, da qualidade dos prazeres e das sensações do corpo. Moreno (2004) chama a atenção para as consequências dessa particular conjunção de fatores no seio da formação das famílias modernas. Ao mesmo tempo em que a regulamentação da aliança impõe uma interdição mais rigorosa ao incesto, a ocupação amorosa dos cuidados

dos filhos e o cenário romântico da conjugalidade parental são um centro de produção de sensualidade. É esse complexo de afetos em conflito que será desvendado por Freud, palco em que "o desejo incestuoso é a mãe de todos os desejos, ao mesmo tempo em que sua oportuna proibição é condição *sine qua non* de *normalidade*". O complexo de Édipo seria, sob essa ótica, muito mais a consequência dessa disposição incestuosa que envolve os personagens dessa história de amor, sem chances de escapar de suas complexas e abissais tramas.

Talvez se faça necessário analisar as diferentes dimensões das transformações ocorridas a partir do que se chama Modernidade. Sua referência maior seria a Revolução Francesa, movimento que condensou o que viria a ser a aspiração moderna do mundo ocidental, em que a pretensão de igualdade, liberdade e fraternidade entre os homens deveria marcar o ponto zero da humanidade, sem mais diferenças de raças, classes ou gêneros. Essa utopia era caucionada pelo nascimento da ciência e pela aposta na razão humana, que acenava um futuro de *Luzes* através do conhecimento. No plano simbólico, porém, o homem deixava de dispor de uma verdade estabelecida *a priori* para se aventurar a buscá-la ou descobri-la utilizando-se de meios racionais, o que lhe conferia um sentimento de desamparo e incertezas. Acompanhar o pensamento de todos os que contribuíram com teorias, às vezes catastróficas, outras vezes promissoras (além das muitas que seguiram produzindo uma evolução, uma revolução ou uma crítica) não é tarefa fácil. Talvez o que se convencionou chamar de século burguês e que ficou mais lembrado pela rigidez (e de certa maneira, pela hipocrisia) de sua moral do que pelos seus dilemas e cores, componha uma vitrine das tentativas de acertos e erros dos primeiros séculos modernos. Ainda que os homens almejassem um conhecimento técnico que os auxiliasse na tarefa de construção de um novo futuro, faltavam-lhes ferramentas de todas as espécies, inclusive as que pudessem lhes fornecer um conhecimento maior sobre si mesmos. Na falta do novo, a religião cristã servia para fornecer normas e regras para a ética cotidiana. E, já que a ciência ainda não triunfava e a educação nascia, ela ficava atrelada ao pensamento prático e técnico possível, mas principalmente à função disciplinar ainda atravessada pelos códigos religiosos. A sexualidade era um dos campos a ser explorado pela ciência, mas, claramente disruptiva, clamava por disciplina e controle, o que era feito sob a base de uma profunda assimetria entre os sexos. Cumprindo uma longa tradição, a primazia da sexualidade masculina assegurava aos homens um lugar de poder social e político. A moral era pensada, escrita e ensinada por homens e endereçada aos homens. Havia, portanto, uma desqualificação cultural das mulheres enquanto agentes éticos e enquanto sujeitos. Era o homem quem outorgava à mulher seu lugar na sociedade.

Essa civilização ocidental moderna se caracterizou pela instalação do Estado como fonte de orientação do social e tinha como um de seus objetivos equivaler-se e até mesmo suplantar a religião. Na formação dessas sociedades, a divisão entre o privado e o público deveria ser uma condição importante, e a demarcação de um espaço privado e doméstico implicava inicialmente a promoção de valores como a privacidade e o respeito ao indivíduo em um espaço particular em que cada cidadão poderia viver o aconchego e a intimidade do lar. Entretanto, a preocupação burguesa em sedimentar a família como território de fronteira entre o público e o privado, entre as demandas do indivíduo e as exigências impostas pela vida social da Modernidade, incluía a constituição de novas leis que garantissem a manutenção dessa estabilidade. É assim que o cuidado obsessivo em manter os interesses privados à distância da vida pública logo virá, paradoxalmente, a apagar as fronteiras entre o público e o privado, ao se exigir a publicidade dos assuntos domésticos, com o intuito de, segundo Foucault (1984), fortalecer a disciplina e o olhar político (ou biopolítico) sobre os afazeres e vicissitudes do cotidiano dos indivíduos.

Ao transformar o casamento em um contrato civil, a autoridade pública passa a assumir uma participação ativa na formação e nas normas da família burguesa e esta passa a ser a instância reguladora fundamental do social, bem como a garantia da moralidade *natural*, com papéis masculinos e femininos rigorosamente definidos. Os valores burgueses transformam a fidelidade e a infidelidade sexual em um evento social que passa a afetar a todos, ao articulá-las aos aspectos políticos e jurídicos de preservação da família, descendência e patrimônio, seguindo o rigor da moral da época. O zelo da sociedade burguesa para manter a família como seu núcleo e garantir seus laços de pertencimento e aliança fazia com que ela comungasse paradoxalmente com os princípios cristãos, o culto à virgindade, o elogio ao monasticismo, assim como a condenação da luxúria e do sexo fora do casamento. Reservadas ao espaço doméstico, as mulheres passam a ser a melhor representação do que é privado e deve ser mantido sob controle, e a fidelidade sexual das mulheres transforma-se em um assunto público, já que seus interesses ou desejos não poderiam contrariar os interesses coletivos. O adultério, diante da lei, apresenta-se como um delito especificamente feminino e deixa de ser um problema intrafamiliar para se constituir em uma ofensa ao Estado. Ficava vedado às mulheres interesses ou desejos que fossem mais fortes que os interesses coletivos, os quais tinham os respectivos maridos como gestores (Cunha, 2002).

Esse controvertido cenário sociocultural burguês denunciava as tentativas de se organizar o tumulto do surgimento de novas subjetividades e novas possibilidades de vivências, liberdades de pensamento, apostas em um futuro de luzes. As proibições e o medo dos desvios sexuais estavam profundamente arraigados nas mentes burguesas, o que de certa forma explicava o recrudescimento dos costumes e da moral religiosa que passam a ser normas de condutas. Os desregramentos de toda ordem passam a ser assunto de especialistas (médicos e juristas), e o termo *perversão* passa a ser utilizado tanto no campo médico como no jurídico para designar práticas sexuais proscritas do social, tais como: incesto, pedofilia, homossexualidade, sadomasoquismo, zoofilia. Mas o empenho de tal higienização promovido pela cultura burguesa não conseguia impedir o avanço ideológico de um individualismo que prezava a liberdade de pensamento e se impunha, produzindo os mais controversos discursos culturais. O contraste entre os valores da tradição e o erotismo mundano convivia, às vezes, de forma velada, e outras, escancarada, o que denunciava uma moral que ao mesmo tempo incitava e recusava a sexualidade. A literatura da época se ocupou em revelar tal disparidade, ao dar lugar a discursos que ora condenavam a sexualidade ao vício e à insanidade, ora exaltavam suas possibilidades de êxtases prazerosos.

Essa dupla moral sexual permitia aos homens se dividir entre as mulheres prostitutas e as santas, enquanto às mulheres era aconselhado que se tornassem mães e amassem seus filhos. Aceitava-se que os homens extravasassem seus excessos sexuais com mulheres moralmente depreciadas, sendo a prostituição encarada como um mal necessário, mas as mulheres que não seguissem o modelo do recato e expusessem sua sensualidade, tornavam-se motivo de desconforto geral. Essa prática serviu para que a infidelidade masculina também pudesse ser *naturalizada*, discurso que ainda faz parte do imaginário social ocidental.

Havia, portanto, um discurso social claramente cindido na era burguesa, que deflagrava a disparidade entre uma moral cristã – que de certa maneira se mantinha com o aval do Estado – e o nascimento da ciência moderna – que acenava ao homem a possibilidade de viver a liberdade de pensamento oriundo de sua própria experiência. Conceitos como prazer, desejo e gozo, que durante mais de mil anos ficaram submetidos ao silêncio e às amarras da religião cristã, pipocavam através dos *libertinos*, nome dado originalmente a todos os que cultuavam o livre pensamento, criticavam abertamente a tradição religiosa da cultura e promoviam a busca da verdade.

Não por acaso, assistia-se com frequência ao combate entre a liberdade e o controle, assim como os limites entre a expressão e a reserva erótica na era vitoriana. Entre normas, rigores e excessos, a possibilidade de que o amor e o sexo pudessem se entrelaçar em um único ideal, fundando *o verdadeiro amor*, acena com uma solução ao combinar esses discursos díspares e oferecer uma medida mista de enaltecimento do sentimento (amor) levado às alturas com a melhor das emoções (sexo). Além de proporcionar um lugar de aceitação da sensualidade, essa composição cumpre um papel de coesão social ao responder às expectativas de gestão da moral burguesa.

O amor romântico, no entanto, abrirá perspectivas jamais imaginadas para se questionar as maneiras de amar, as transformações do erotismo, as práticas sexuais condenadas (pecaminosas ou perversas), a prostituição e as restrições impostas aos sexos. Gay (1999) percorre os principais arautos da literatura que se dividiam entre criticar ou enaltecer o ideal do amor romântico, ou às vezes a fazer ambas as coisas numa mesma obra. Um ilustre teórico do amor do início do século XIX, Stendhal, que, segundo Gay, era romântico por profissão e *philosophe* por inclinação, publicou um ensaio, *De l'amour*, no qual discutia os tormentos do amante se colocando ao mesmo tempo como personagem e pesquisador. Mais do que uma leitura crítica ou depreciativa dos valores burgueses, sua obra é um panfleto reformista ao abordar a ignorância e a timidez das mulheres como resultado de arranjos sociais opressivos e masculinos. Bem antes de Freud, Stendhal defendia o amor-paixão para homens e mulheres e ressaltava a idealização do amado, apontando o lugar de excelência da imaginação nas paixões. Depois dele, mas menos criativo, seria a vez de Balzac publicar seu *Phisiologie du mariage*, que se preocupava em discutir estratégias para os homens despertarem a voluptuosidade de suas mulheres e mantê-la viva durante os longos anos do casamento. Embora fosse cético quanto a mudanças possíveis nos arranjos sociais de sua época, denunciava a educação fútil que era destinada às moças e os motivos financeiros que estavam detrás dos acertos matrimoniais. Também se esmerava nas receitas aos homens, incentivando-os a controlar seus conflitos e ansiedades em torno do medo da rejeição ou da impotência, e principalmente ensinando-lhes formas de evitar aquela que era considerada a mais dolorosa experiência masculina: ser traído. Balzac descreve com minúcias os *sintomas* das mulheres quando estas começam a se desinteressar de seu marido, percebendo o engodo das promessas românticas de enlevo erótico ininterrupto, o que frustrava suas expectativas sempre ilusórias de vivenciarem o êxtase erótico e sentimental eterno prometido pelo ideal romântico após o casamento.

Stendhal e Balzac são exemplos de uma literatura romântica da época que pretendia questionar ou educar seus leitores quanto aos meandros do amor erótico, também na tentativa (romântica) de evitar os males e dores do adultério, tema presente em muitas das ficções desse século, em geral contando as histórias de *vítimas imaturas e irresponsáveis do desejo*. Emma Bovary (Flaubert) e Anna Karenina (Dostoiévski) são algumas dessas mulheres que cedem aos impulsos amorosos que sua posição na vida, suas obrigações religiosas e as regras de sua sociedade declaravam proibidos. O destino trágico das duas personagens anuncia o preço de sua ousadia amorosa. Mas anuncia também o papel purificador da ficção, que, através da composição de personagens capazes de realizar os desejos secretos e proibidos, realiza a miséria inconfessa de cada um. A infidelidade de Ana Karenina ou Madame Bovary cumpria o papel de redenção e ascese ao proporcionar um êxtase de leitura, desde que houvesse no final um banho de moral, acalmando os sentimentos controversos de todos, principalmente dos muitos guardiões da moral burguesa.

O adultério era tema recorrente e muito explorado pelos romancistas da época, que o endereçavam aos leitores ávidos por esses vislumbres eletrizantes, indício do *frisson* que as infidelidades causavam (e causam) e das fantasias de homens e mulheres que estas infidelidades alimentavam, a despeito de sua pecha social de imoralidade ou de transgressão. Dentre esses romances, aqueles cujos personagens centrais eram mulheres arrebatadas por grandes paixões adúlteras ganhavam destaque, já que a sexualidade feminina imaginada por esses escritores masculinos exerce um fascínio nem sempre explicitado.

Na época, as expressões do desejo sexual dos homens pareciam razoavelmente inequívocas, ainda que merecessem menos discussões do que deveriam, mas a natureza e a intensidade do apetite sexual das mulheres revestiam-se de indagações e incertezas.

É fato que os debates sobre a sexualidade feminina nos séculos XIX e XX tiveram efeitos decisivos sobre a vida das mulheres (e de homens) e que, embora ressoassem de forma alarmante, iriam desembocar em mudanças importantes, não só na instituição do casamento, célula da família burguesa, como também na relação entre os sexos e, por extensão, o lugar da fidelidade sexual. Os polêmicos manuais sobre casamentos escritos em profusão na era vitoriana, tanto por homens quanto por mulheres, continham prescrições pedagógicas sobre o recato das mulheres ou a brutalidade dos homens; muitas, com uma cândida inspiração religiosa ou com acentos moralistas, que não conseguiam esconder a inquietação sobre o erotismo feminino em erupção. É nesse caldeirão de controvérsias que, no final do século XIX, surge Freud, fornecendo uma nova direção às especulações dispersas e contraditórias sobre a sexualidade humana em geral, mas, particularmente, sobre a feminina, ao apontar sua sensualidade "por trás da máscara cultural de vergonha, reticência e frigidez paralisante" (Gay, 1999, p. 119).

Não há como não ressaltar a importância de tais debates em torno do amor para a assunção e a constituição de uma sexualidade feminina, que poderá finalmente desfrutar de representações culturais que passarão a definir uma identidade social para a mulher. Durante sua obra, Freud faz inúmeras tentativas de decifrar o enigma da feminilidade e os tabus que rondavam a sexualidade da mulher, e não se pode negar a seriedade com que ele deu ouvidos às queixas de suas pacientes femininas, interessando-se de forma inédita e científica por seu sofrimento e pelas ligações deste com a sexualidade (McDougall, 1997). Suas teorias sobre a sexualidade humana conseguirão, ainda que lentamente, subverter as antigas mitologias naturalistas e antinaturalistas da diferença entre os sexos, fazendo cair por terra o instinto maternal e a *raça* feminina. Homens e mulheres amam e desejam segundo as mesmas paixões. Veremos, entretanto, o quanto cada um pode amar, desejar e trair por diferentes caminhos.

Fidelidade sexual e o enigmático feminino

> "Por trás de um homem triste há sempre uma mulher feliz / E atrás dessa mulher mil homens, sempre tão gentis / Por isso para o seu bem / Ou tire ela da cabeça ou mereça a moça que você tem".
>
> ("Deixe a menina", Chico Buarque de Hollanda)

No Ocidente, em cada época histórica, mesmo a mais remota, a fidelidade esteve ligada aos valores morais destinados à normatização ou ao controle da sexualidade humana, particularmente à sexualidade da mulher, cujo fantasma assombrou a Idade Média, determinando a caça a essas bruxas, portadoras do mal da luxúria, em contraposição ao modelo quase assexuado, passivo e frágil do início da Modernidade, quando a mulher foi chamada a dispensar o prazer sensual e a dirigir sua atenção à função materna, ao lar e ao casamento (França, 2005).

Enquanto a atividade sexual encerrava a possibilidade de gravidez, o recato feminino e a responsabilidade masculina ante a prole demandaram um controle sobre o prazer sexual (principalmente) das mulheres. A necessidade da sociedade burguesa em gerenciar e manter a família (sua célula sociopolítica) e sustentar o lugar de mãe como rainha do lar produziu uma enorme quantidade de saberes – filosóficos, médicos, literários – que insistiam sobre a *natureza* feminina como estreitamente definida pelas funções reprodutivas das mulheres. O resultado foi a criação de uma representação de mãe inusitada que promoveu a imaginarização e a generalização do espaço materno como o paraíso e sedimentou um lugar de mulher-mãe para a mulher, valor que ainda hoje permanece convivendo com outros lugares recém-conquistados. Esse lugar reverenciado de mulher-mãe foi responsável por uma intensa idealização da função materna, que, além de ficar distante de qualquer indício de sensualidade, deveria se alimentar de amor, fosse aos filhos, ao cônjuge, à descendência familiar etc. Com isso, não só o sexo ficava interditado à mulher-mãe, mas todos os sentimentos que pudessem vir a manchar sua aura, como o ódio, a raiva, a agressão etc. Havia por parte da sociedade burguesa uma intenção de normatizar a família, seu núcleo por excelência, afastando daí quaisquer indícios de perturbações, insensatez, violência, excesso.

Em um século em que a sexualidade se transformava em discurso e ciência, a superposição da figura da mulher e da mãe acentuou o caráter mítico da mãe fálica, que produzia fascínio e horror simultaneamente. A herança cristã já trazia uma divisão no corpo da mulher, identificando-o de um lado como pecado e luxúria, exposto à tentação do demônio e, de outro, como puríssimo, representado pela Virgem Maria, cuja sexualidade ficava negada para afugentar os temores que a lascívia feminina despertava nos homens. O amor romântico, embora acenasse com uma solução de controle da sexualidade feminina através do casamento, possibilitava a junção dessas duas figuras míticas femininas, a santa e a prostituta, numa única mulher. O valor da virgindade feminina, de seu corpo assexuado e intocável, segundo Kehl (1996), seria incorporado aos ideais do amor romântico ao lado de fontes de representações excitantes da mulher-natureza, incitando a composição de uma mulher-mistério que suscitava o desejo e a adoração, o que incrementava o lado mítico do amor romântico, responsável pelo seu sucesso e longevidade.

Freud (1917) analisou o tabu da virgindade em seu terceiro texto sobre as *Contribuições à psicologia do amor*, no intuito de entender as motivações e os mistérios que estariam por trás de um tabu generalizado da civilização em relação à mulher (sexualidade, menstruação, virgindade, gravidez, maternidade). Os tabus são constitutivamente ambivalentes e têm seu fundamento tanto no temor quanto no fascínio de algum perigo desconhecido que encobre geralmente o proibido e o impuro.

O tabu da virgindade como construção social tentava dar conta da passagem da menina à sua condição de mulher sexuada, e a leitura de Freud está atenta ao sentido do *proibido* que aponta para a necessidade de um velamento entre a figura da mulher-mãe assexuada, protótipo do primeiro objeto de amor, e a figura da mulher-sensual, figuras estas bastante cindidas na cultura burguesa. Representada por esses dois modelos culturais, a mulher passiva, assexuada por sua natureza sensível, ficava destinada à maternidade, e a mulher excessiva, propensa à degenerescência moral e perigosa para a sociedade, condenada a ser prostituta. A fidelidade sexual feminina marcava a diferença entre as duas, contribuindo como um imperativo moral de virtude muito valorizado por essa cultura.

Talvez não possamos avaliar em toda a sua dimensão as mudanças que o domínio dos processos de procriação pela mulher foi produzindo ao longo destas últimas décadas. Ainda que no século burguês já se fizesse nascente um movimento feminista que representasse as aspirações pela igualdade de direitos e espaços públicos ou a livre escolha das relações amorosas, nada se compara ao marco que a possibilidade de controle da procriação representará tanto para as mulheres quanto para os homens. Embora estejamos falando de apenas algumas dezenas de anos, poderíamos indicar um marco antes e um depois, já que essa liberdade abrirá as portas de um mundo infinito de opções e revolucionará definitivamente os registros da sexualidade, do casamento e da família em nosso mundo ocidental. A inédita possibilidade de separar o sexo da maternidade irá balançar os velhos tabus ligados à imagem da mulher-mãe, assim como a liberdade e o direito ao prazer sexual provocarão alardes nos valores herdeiros da família tradicional burguesa.

Mas a separação da feminilidade e da maternidade, o controle do ato carnal da procriação e do desejo da reprodução foi fruto de um lento movimento de crítica às teorias da sexualidade elaboradas por homens ao longo da história ocidental. Se a ligação da mulher à procriação induziu à criação de mitos pelo imaginário de cada época e marcou diversas construções para o materno, o recrudescimento da moral na era burguesa inverteu o mito da mulher-mãe. Segundo Alonso (2006), o *para ser mãe é preciso ser mulher* se transformou em *para ser mulher é preciso ser mãe*. Essa passagem colou o feminino ao materno, supervalorizando o materno e excluindo o feminino, mas, principalmente, separou a reprodução do prazer, ficando este restrito às prostitutas. Alonso ainda aponta que, com a diminuição da mortalidade infantil e o consequente prolongamento da infância, as mulheres foram chamadas a se tornarem mães-modelos, santificadas e despossuídas de erotismo ou agressividade; com sua sexualidade submetida ao controle social.

Nesse cenário, a sexualidade feminina fica restrita ao casamento e sua fidelidade é altamente valorizada; terreno fértil para as histéricas que Freud escutou, que denunciavam o desajuste das mulheres tanto em relação ao lugar que lhes era destinado, quanto ao ideal de feminilidade sem chances de ser habitado.

A fidelidade sexual da mulher é um dos vetores possíveis para se analisar o conturbado imaginário cultural da Modernidade. Como bem mostrou Gay (2000), os séculos burgueses herdaram da moral cristã a incidência de uma consciência culpada tanto pelos atos e prazeres sexuais como pelos pensamentos e fantasias. Os dois modelos femininos discutidos acima se alternavam no imaginário de ambos os sexos, o que pode ser atestado pela leitura dos romances da época. A infidelidade feminina imaginada nesses romances, escritos em sua maioria por homens, deixava antever a volúpia incontrolável que lhes era atribuída, reforçando os controles sociais para a manutenção do recato e da pureza. A preocupação em adestrar o corpo e a sexualidade feminina com vistas à procriação e ao casamento era constante e qualquer desejo ou comportamento sexual que extravasasse esses limites era tratado como excesso, degeneração ou patologia (Nunes, 2002).

Ainda que Freud tenha se sensibilizado com as restrições que sua época impunha à sexualidade das mulheres, no decorrer de sua obra ele descreve a feminilidade à sombra da masculinidade e atribui significado masculino a tudo o que indique *presença*, deixando o *vazio* reservado às mulheres. Escapava-lhe o reconhecimento da sexuação masculina do discurso vigente. Segundo Rodrigué (1995), a psicanálise foi um *assunto* de homens por um período longo em que a superioridade masculina era assunto pacífico, o que explicaria a mistura de chavões aceitos, investigações experimentais e ideias pouco convencionais que faziam parte de suas teorias. Freud postulou três possibilidades de inscrição da mulher na ordem da cultura (Nunes, 2002): a mulher castrada ou inibida sexualmente; a mulher invejosa, que aspira a um comportamento viril; e a mulher-mãe, a qual cunhou de normal e desejável a todas. Roudinesco (2002) enfatiza o culto à mulher-mãe em Freud, e mostra como genitora, companheira ou destruidora, a mulher permanece sempre a mãe, na vida e na morte, e o homem sempre encontra nela três imagens, a da mãe de seu nascimento, a da amante escolhida à sua semelhança e a da terra-mãe que o acolhe na morte. Seu modelo de mulher pressupunha uma renúncia aos excessos sexuais e a esta deveria corresponder um modelo masculino que controlasse a sexualidade selvagem e rejeitasse a poligamia, o incesto e o estupro.

Todas as alternativas de destino para as mulheres foram pensadas por Freud a partir do *falo* como ordenador da sexualidade humana, e, portanto, definindo a sexualidade feminina como faltosa em relação à sexualidade masculina. Por manter sua vigência durante séculos, a equação de equivalência do pênis com o falo promoveu, ao longo da história, uma atribuição social de poder ao homem, que, por ser possuidor de um pênis, recebeu-o como algo que lhe era próprio e natural. Na sociedade patriarcal burguesa, o pai tinha a autoridade de senhor político e religioso e o poder de fundar e garantir. Embora fosse cobrado em responsabilidades de provedor material e financeiro e de proteção de seus dependentes, seu poder e sua autoridade eram hegemônicos tanto no espaço público como no espaço privado da família, reinando sobre a mulher e o destino dos filhos. Ao ser posta em causa pelos discursos da época, a ordem representada pela autoridade patriarcal, que se sobrepunha a possíveis objetivos individuais, irá aos poucos ceder lugar às preocupações com a realização pessoal, mesmo sob reações de temores de homens e mulheres. A eleição do amor como eixo central das escolhas de parceiros amorosos e de norteador das vidas de homens e mulheres contribuirá de forma decisiva para que os interesses e as condutas humanas sobrepujem a tradição e o compromisso com a comunidade. A valorização desse afeto ao mesmo tempo tão forte e tão frágil irá inaugurar uma verdadeira ditadura do amor no seio das relações familiares. O papel da psicanálise será decisivo ao elucidar e formular novas questões ao debate sobre as relações familiares, as relações entre pais e filhos e, sobretudo, a respeito da convivência e as diferenças entre o feminino e o masculino.

O livro de Thomas Laqueur (2001), a respeito das diferentes formas de invenção do sexo, corpo e gênero, mostra que a diferença sexual produziu, ao longo da história, diferentes leituras e modelos teóricos, desde o modelo do sexo único, o masculino, em relação ao qual o sexo feminino seria uma espécie de *homem invertido*, até o modelo de dois sexos, cada um com suas particularidades. Na época de Freud, todo um aparelho institucional estava destinado a sustentar a lógica que dividia a espécie entre seres *completos e incompletos* e o falocentrismo, que sustentava a distribuição de valores e de poderes, reforçava o imaginário *eles têm, elas não*. Freud partiu do que sabia sobre o comportamento e o modelo de homens e mulheres de seu tempo, sem chegar a analisar o domínio dos homens e a opressão das mulheres como uma construção sociocultural longeva. Mas soube intuir o valor mítico de certas teorias infantis destinadas a resolver os enigmas da origem da vida, da morte, da sexualidade e das diferenças sexuais. Uma delas nascia da impossibilidade de se inscrever a diferença sexual nos primeiros anos de vida e atribuía a diferença dos sexos ao *ter* ou *não ter pênis*, o que ajudou a perpetuar o valor de verdade dessa construção. Sob essa dimensão, as fantasias infantis acerca da posse do falo, cujas figuras seriam *a inveja do pênis* e o *medo à castração*, seriam derivadas da crença infantil na existência da completude e na possibilidade de possuir totalmente o objeto de desejo, caso pudesse pertencer ao outro sexo ou caso a figura do rival não existisse. Se a psicanálise ganha mais *status* a partir do acento dado às fantasias e da possibilidade de desdobrar a leitura do psíquico em suas dimensões simbólicas e imaginárias, também se faz necessário destacar que os códigos e normas sociais são fruto de um intrincado movimento entre a natureza pulsional humana e sua necessidade de criar e manter a cultura de sua época.

Os movimentos sociais das últimas décadas que buscaram o fim dos constrangimentos sociais em todos os níveis, provocaram o divórcio entre a anatomia e a condição fálica, fazendo com que o falo se desamarrasse dos corpos e de seus atributos viris, o pênis deixasse de ser o único representante do falo e o corpo masculino, de ser imaginado como a encarnação da potência por sua própria natureza. Para a cultura, a diferença entre o feminino e o masculino não é mais diferença de sexos, e sim de gêneros. O gênero é um conjunto de características e funções que cada cultura atribui a indivíduos em virtude do sexo ao qual pertencem e, por isso, a diferença entre os gêneros se dá pela significação e pelo estereótipo ao redor dos quais os indivíduos de um determinado sexo se organizam em uma determinada cultura. Ser homem e como sê-lo, ser mulher e como sê-lo faz parte do imaginário social e depende, entre outras coisas, das relações de poder e domínio vigentes em cada época. A realidade dos sexos não é a realidade do órgão anatômico nem é verdade que exista a complementaridade dos sexos em que homens e mulheres seriam duas metades de uma mesma maçã que devem se juntar.

Ao dedicar um capítulo de seu livro ao temor dos homens burgueses à mulher, Gay questiona o fato dessa construção cultural não ter sido pensada por Freud (1917) como uma projeção de fantasias masculinas sobre o conturbado feminino da época. Para Verhaeghe (2001), as tentativas masculinas de proibição e controle sobre o gozo feminino denunciavam a angústia do homem ante um suposto gozo excessivo da mulher, que se ampliava diante do desconhecido e enigmático feminino. Esse temor também estaria ligado tanto ao medo quanto ao desejo da transgressão sexual e da perda dos limites, cujo fantasma assombrador seria a figura incestuosa da mãe. Caberia questionar, no entanto, partindo-se do pressuposto de que os tabus tentam conciliar o impossível da aceitação da ambivalência pelo pensamento primitivo, até que ponto a evolução do pensamento da civilização moderna (incluído um século de psicanálise) não permitiria uma conciliação ou ao menos uma convivência desses sentimentos opostos.

A difícil mas progressiva passagem da mulher para uma posição de sujeito nesse último século propiciou mudanças tanto para as mulheres quanto para os homens. O movimento feminista foi uma das formas de expressão dessas mudanças, que questionou tanto a organização sexual, política, econômica e cultural quanto a hegemonia do discurso masculino na cultura. Kristeva (1988) considera que a primeira geração feminista defendeu a igualdade entre homens e mulheres no campo legal, o que levou à defesa do borramento das diferenças entre os gêneros. A segunda geração feminista, que surge a partir de 1968, passa a defender um feminismo da diferença, procurando enfatizar as diferenças entre homens e mulheres no que se refere a seu relacionamento com o poder, o sexo e a linguagem. É possível que o fato de conceber a mulher como alienada na estrutura de uma sociedade sexista controlada por homens tenha feito com que as lutas feministas ficassem representadas como uma luta das mulheres contra os homens. A tarefa da terceira geração, segundo Kristeva, será buscar a combinação do sexual com o simbólico, a fim de descobrir tanto a especificidade do feminino quanto a especificidade de cada mulher.

Na cultura atual, assiste-se a uma ampliação dos debates sobre gênero e sexualidade, e muitos autores tentam analisar como as propostas do individualismo libertário, que exigiu a simetria e o respeito às singularidades entre os gêneros, convivem com a permanência da aspiração romântica na constituição dos pares conjugais. Se a tão temida sexualidade feminina ocupa hoje um lugar menos ameaçador e a valorizada virilidade masculina deixou de assombrar os próprios homens, assiste-se a ajustes de antigas aspirações às imposições de um *ethos* contemporâneo. Mulheres e homens são reconhecidos como donos de seu destino, mas isso não equivale a uma situação de permutabilidade de seus papéis e lugares. A diversidade dos gêneros continua a orientar as existências, a produzir diferenças de sensibilidades, de itinerários e de aspirações (Lipovetsky, 2000). O nivelamento da liberdade sexual para ambos os sexos precisará acomodar as diferenças dos gêneros, singularidades construídas também pelos fantasmas que habitam o percurso de um e de outro.

Apesar de a ciência sexual continuar a tentar desvendar os mistérios do erotismo feminino e masculino com suas pesquisas científicas, a descoberta freudiana ainda vale para os dois sexos: existem singularidades ligadas às teorias sexuais infantis, ao desejo e às fantasias vividas no seio das intricadas relações familiares da infância que impõem roteiros diferenciados ao erotismo de cada um. A sexualidade humana continua impondo o jogo sobre a técnica. Apesar das diferenças biológicas entre os sexos, as categorias segundo as quais eles se dividem são culturais e múltiplas. O sexo hoje pode não coincidir com a identidade sexual, que também pode não ser a mesma da orientação sexual (Calligaris, 2004).

Se as relações de domínio entre os sexos circunscrevem-se no contexto cultural de cada época, a igualdade de direitos *de fato* é inédita na história das civilizações. De forma lenta, assiste-se na atualidade à desconstrução de alguns tabus e mitos considerados ícones da prolongada dominação masculina. Um deles seria o valor social da fidelidade feminina, até bem pouco tempo atrás uma norma moral coletiva valorizada nos casamentos, hoje uma exigência subjetiva e muito ligada às especificidades das relações entre amor e sexo. A outra desconstrução se dirige à naturalização da infidelidade masculina, que hoje entra no rol das negociações de cada par diante de suas demandas de amor e sexo, muitas vezes diferentes para cada gênero.

As mulheres não só querem ser desejadas pelos homens, diz Aulagnier (1991) como buscam indícios de que elas possam ser únicas e insubstituíveis. O amor funcionaria como um véu para a crueza dos desejos sexuais a que elas sabem e desejam ser objeto, para que no abraço amoroso elas possam oferecer-se àqueles que em troca provam-lhe que somente delas sustenta-se seu desejo. Aulagnier acredita que o fato de serem as mulheres as que mais buscam o amor como álibi para a realização de seu desejo torna-as mais partidárias da fidelidade. Podemos acrescentar que as razões da fidelidade feminina têm matizes diferenciados das que movem a fidelidade masculina.

O reinado da infidelidade sexual masculina

> "Te perdoo / Por contares minhas horas / Nas minhas demoras por aí / Te perdoo / Te perdoo porque choras / Quando eu choro de rir / Te perdoo / Por te trair".
>
> ("Mil perdões", Chico Buarque de Hollanda)

O bem definido papel do homem na sociedade se viu, ao longo dos séculos modernos e mais precisamente nas últimas décadas, às voltas com redefinições. A masculinidade atravessou a história ocidental moderna como sinônimo de virilidade, tendo as infidelidades masculinas ajudado a manter o mito do bom desempenho sexual (França, 2005). Mas esse modelo romântico do aventureiro solitário, avesso aos laços familiares e pronto tanto para os campos de batalha quanto para as delícias de um bordel, ao menos no Ocidente, convivia de forma muitas vezes tensa com o modelo do bom burguês, cumpridor de seus deveres para com a família e o Estado. Um mergulho na leitura dos textos produzidos no século XIX, como fez Gay (1999), deixa claro esses dois modelos masculinos, ambos desfrutando de um acordo social, mas nem por isso livre de conflitos.

Durante milênios os homens representaram a vigilância, a preservação, a lei e a ordem e lutaram por seus impérios e nações. Na era moderna, o poder se desloca da força física para a inteligência e, lentamente, as principais fontes de identidade masculina foram perdendo seu valor, criando um cenário de incertezas quanto a seu papel sociossexual, em concomitância com novos espaços conquistados pelas mulheres. Lugares quase canônicos, como o de provedor único ou autoridade principal da família, cederam espaço aos direitos e deveres igualitários da privacidade doméstica.

Na atualidade, os modelos masculinos e femininos antigos e novos se superpõem (França, 2005). Mesmo a infidelidade masculina, que sempre desfrutou de uma tolerância social, sofreu um desgaste em relação ao lugar de comodidade e conforto com o qual se manteve durante séculos no Ocidente moderno. Pesquisas recentes sobre gênero e sexualidade colocam em foco o sexo masculino que, como constatou Gay (2000), era bem pouco questionado (e quando isso acontecia, era em geral para ser contraposto ao feminino).

Para Badinter (1993), pelo menos no Ocidente, *ser homem* sempre foi mais imperativo do que indicativo, mostrando que a virilidade não estava dada, e sim, tinha de ser provada. A própria construção dessa identidade aparece muitas vezes como um negativo, tendo os homens que aprender antes o que não ser para depois o que ser. Ser homem é *não* ser feminino, homossexual, dócil, submisso ou dependente e, principalmente, impotente com as mulheres. Por outro lado, ser potente sexualmente depende de uma geografia do órgão sexual que realize a ereção, a penetração e a ejaculação. A prova da potência é ao mesmo tempo o fantasma da impotência. Essa precária fronteira provavelmente desenhou um modelo de identidade masculina sempre sob ameaça, o que justificaria tanto sua construção defensiva, quanto um longevo consenso entre os homens pelo resguardo dessa fragilidade.

Em seu livro *A educação dos sentidos*, Gay (1999) dedica um capítulo ao *medo dos homens* e à literatura do século XIX, que se preocupou em descrever o sentimento generalizado de que a virilidade estava em perigo. Segundo ele, um dos motivos pelos quais os homens de então preferiam não saber sobre a sexualidade feminina ia no sentido de não expor sua adequação sexual, já que, qualquer que fosse seu desempenho, este lhes pareceria suficiente. Essa preocupação ficava evidente em alguns manuais sobre casamentos em que se recomendava aos homens não despertarem o erotismo de suas mulheres para que não fossem surpreendidos com sua lascívia incontrolada. Outros discorriam sobre a possibilidade da frustração das mulheres que, à espera de um marido-amante sempre fogoso e romântico, poderiam se decepcionar e buscar sua satisfação sexual em outros homens. Em foco, o imaginário masculino a respeito de uma sexualidade feminina transbordante, excessiva e incontrolável e, portanto, ameaçadora para a manutenção da necessária preservação de um *ethos* que privilegiava a dominação e o poder de homens.

O fim do século XIX assiste a um antifeminismo violento de grande parte da sociedade masculina burguesa, que se vê ameaçada diante da possibilidade da emancipação das mulheres. A tentativa de construir uma naturalização do casamento burguês e das relações familiares em que o pai seria o detentor de todo o poder havia criado um confortável espaço jurídico e social para os homens. Perder esse lugar de certezas sobre si no ideário cultural provocava uma profusão de discursos médicos e filosóficos, que tentavam resolver o dilema da igualdade de direitos pleiteados pelas mulheres que ousavam sonhar em ocupar mais o espaço público e sair da clausura doméstica de cuidados com a casa e os filhos (Nunes, 2002).

A psicanálise se alimentava do saber sobre esse cotidiano da vida humana, mas para desvendar o mais além de seu imaginário e detectar os temores e os compromissos neuróticos dos sujeitos. O ambivalente imaginário masculino precisava manter a mulher em uma posição inacessível para ela poder ser valorizada, ou degradá-la quando ela se tornava sexualmente acessível. As duas representações do feminino para os homens, a santa e a prostituta, demonstravam o quanto a aproximação da figura incestuosa da mãe pela mulher poderia impedi-los de desejá-las sem degradá-las moralmente. O enigmático feminino que causava um temor crescente aos homens parecia se ligar à impossibilidade de representação do sexo materno, já que o corpo da mãe seria sempre, em alguma medida, o corpo proibido e desejado do incesto. Vale lembrar que a junção da mulher-mãe e da mulher-sensual através da eleição do amor, como condição de constituição de pares amorosos, contribuía para a inflação desse temor, justamente pela atração que exercia. A tolerância social à infidelidade masculina servia tanto para reafirmar sua virilidade ameaçada quanto para resguardá-la dessa atração proibida e inconsciente.

Em um século fértil de produções literárias, abordando um discurso médico, jurídico, político, religioso ou ficcional, atravessado ao mesmo tempo por críticas que pretendiam desmascarar a hipocrisia dos valores e de produções moralistas que alardeavam o caos moral das sociedades, Gay (1999) mostra o valor que a psicanálise teve ao fundar um discurso inovador que pretendia responder às controvérsias e ao *nervosismo*.

No entanto, Roudinesco (2002) lembra que Freud muitas vezes ficava aquém do alcance de suas teorias no que se referia às polêmicas da época sobre as relações de dominação, igualdade ou desigualdade entre homens e mulheres, acreditando que "o domínio do masculino estava associado a um desejo ativo de dominação, amor, conquista, sadismo ou transformação dos outros e de si, ao passo que o polo feminino se caracterizava pela passividade, a necessidade de amor, a tendência à submissão e ao masoquismo".

Por não priorizar em sua obra o estudo da masculinidade, já que Freud a considerava a *via normal* do desenvolvimento, tarefas árduas como a assunção da paternidade ou o fato de ser investido como representante da lei e designado como portador do falo simbólico ficaram fora do debate da psicanálise.

Ao relativizar a diferença biológica dos sexos e focalizar as identidades sexuais ou gêneros, a Modernidade valorizou o lugar que homens e mulheres ocupavam na cultura e multiplicou as diferenças sociais e identitárias. É com os preceitos do individualismo cultural moderno que esse processo se instala e caminha lentamente em direção a um poder simétrico, revolucionando antigas posições de poder, submissão, complementaridade ou exclusão das mulheres no seio da sociedade. Como consequência, a sexualidade masculina, em seus modelos de macho, homem, pai, filho e marido, é colocada em questão.

Freud, segundo França (2005), apresentou dois desenhos sobre a sexualidade masculina em sua obra: um fálico, cuja combinação de marcas psíquicas leva a transformar o pênis em arma ou para assassinar ou para inferiorizar as mulheres; e um castrado, salientando a impotência psíquica dos que assumem uma posição vulnerável diante da proibição do incesto.

Em sendo homem, Freud tentou desvendar os mistérios da sexualidade feminina, ao mesmo tempo em que quis restaurar o lugar do pai, preferindo uma leitura falocêntrica da cultura (Roudinesco, 2002). Mas, como aponta Badinter (1993, p. 139), "os homens decerto não esperaram pela psicanálise para enaltecer o pênis e construir imponentes obeliscos em sua glória", embora Freud e depois Lacan tenham caucionado teoricamente esse símbolo, colocando-o como um logus diferenciador da diferença sexual. O falocentrismo sustentou a distribuição de valores e de poderes na sociedade patriarcal e reforçou o imaginário cultural sobre a relação com *ter* ou *não ter pênis*. Ao longo da história, esse imaginário contribuiu para colar o poder masculino à posse de um pênis. O século XX iniciou uma desconstrução lenta e progressiva dessa lógica, tendo o avanço tecnológico como coadjuvante, ao permitir um deslocamento do eixo *força-coragem* que ajudava a sustentar a superioridade masculina para o *pensamento-habilidade*. Na cultura atual, o falo como poder não se amarra mais ao corpo masculino; circula entre os sexos (Marazina, 2005).

Também a infidelidade masculina desfrutou de um consentimento geral (homens e mulheres) de algumas sociedades modernas e contribuiu para a manutenção de uma dominação masculina em constante afirmação de sua virilidade, traço importante e definidor cultural da identidade masculina. Mas o cenário social atual mostra grandes reviravoltas nas principais fontes de identidade masculina e justifica as incertezas do homem diante de seu papel sociossexual. Trabalho, poder, família, aparência física e sexualidade não só exigem adaptações como mostram que os modelos masculinos e femininos antigos e novos se intercruzam ou se opõem.

O fato de a sociedade patriarcal ter acenado com uma garantia de identidade masculina pela anuência sociocultural ou pelo lugar de poder antecipado escondeu a complexidade da construção dessa identidade, um percurso tortuoso diante da necessidade de negar qualquer traço de assujeitamento e apagar com vigor a dependência e a passividade, indícios feminizadores. Para além do real da ereção de seu pênis, ao homem sempre foi demandado dar provas significativas de sua virilidade (principalmente aos outros homens). Indispensável para a realização da cópula sexual, o pênis ereto, além de ser uma dessas provas, também sinalizaria que o outro (homem ou mulher) despertou no sujeito o seu desejo. Mais que isso, a cultura exigia (e ainda exige) outros caminhos de confirmações viris, como o prestígio profissional, o sucesso financeiro, as amizades, a inteligência, as conquistas esportivas etc. Na história do imaginário masculino, tamanho, potência e desempenho, postos à prova na competição fálica com outros homens, sempre foram parâmetros de valor (Betts, 2005).

Se é verdade, como mostrou Gay (1999), que no século burguês o homem evitava ser questionado pela mulher (e pelos homens) na sua potência sexual, hoje ele sabe que será avaliado, o que desvenda sua vulnerabilidade, já que seu desempenho sexual pode ser um critério de suas escolhas. Nada garante *a priori* a realização carnal ou a ereção necessária ao ato sexual, diz Aulagnier (1991), e o fracasso possível sempre é ameaçador. É por meio da cisão entre amor e sexo que o homem tenta se tranquilizar quanto ao seu poder viril. É por isso que muitas vezes a fidelidade só lhe é concebível como renúncia amorosa, desde que isso não ameace as provas viris de seu desejo em relação às outras mulheres.

Fidelidade e laço conjugal

> "Mesmo que os romances sejam falsos como o nosso / São bonitas, não importa / São bonitas as canções / Mesmo sendo errados os amantes / Seus amores serão bons".
>
> ("Choro Bandido", Edu Lobo e Chico Buarque de Hollanda)

Em outubro de 1991, a Associação psicanalítica de Porto Alegre realizou um encontro cujo tema era o laço conjugal. Em sua apresentação, Calligaris justifica a escolha do tema pela frequência com que este apareceria como razão para se procurar um terapeuta.

Quer seja no registro da esperança frustrada ou naquele da exasperação de quem tem parceiro, ou então frequente e paradoxalmente de ambos, a Modernidade exala uma longa queixa conjugal. A esta, responde uma inesgotável produção cultural que propõe sua ajuda na procura da alma gêmea.

De certa forma, há uma sintonia do autor com a tese de Costa (1998), quando constata serem as uniões amorosas atuais um componente indispensável de qualquer sonho de felicidade, mas também um lugar de sofrimento patológico quando supõem e exigem que seu fundamento seja o amor.

Em um texto apresentado nesse evento, "Uma visita ao amor e à conjugalidade na época de Freud", Souza (1991) faz um breve histórico das mudanças ocorridas nas uniões conjugais desde o século burguês e elucida alguns de seus impasses. Utilizando-se das referências de Ariès sobre a *História da vida privada*, mostra quão recente seria a elevação máxima do sentimento amoroso como categoria de condição e critério de sucesso do casamento. A progressiva separação dos espaços familiar e profissional dos cônjuges teria feito com que a vida familiar perdesse suas obrigações e deveres e fosse se tornando cada vez mais um encontro de vidas privadas. A conquista da individualidade autônoma dentro do círculo doméstico seria proporcional às restrições do poder familiar, sendo valorizados os interesses pessoais inclusive na regulação do casamento.

Do casamento concebido como uma união de dois patrimônios com vistas à constituição de uma descendência que exigia não mais do que estima e compreensão mútua entre os cônjuges, passa-se a uma dimensão de vivências de amor conjugal e sexo, condição para o sucesso do laço conjugal. Revistas femininas, romances e filmes *hollywoodianos* ajudam a legitimar esses sentimentos amorosos.

Souza aponta ainda a importância da psicanálise na valorização do amor conjugal, remetendo-se ao fato de ter havido, por volta dos anos 1950, relatos sobre conferências de alguns psicanalistas franceses sobre o casamento, mostrando ser esse um processo de maturação efetiva que se completaria com o desejo realizado de ter filhos. A importância do amor aos filhos e do amor entre os cônjuges para a boa saúde psíquica dos rebentos também teria sido acentuada. Difunde-se, assim, a ideia de uma sexualidade normatizada que encontraria no casamento e na procriação amorosa a realização final de seu desenvolvimento.

Em seu livro *A família em desordem*, Roudinesco (2002) lembra que Freud teria feito da família uma necessidade da civilização, que repousaria de um lado na obrigação do trabalho e, de outro, na potência do amor sexual entre o homem e a mulher, e do amor entre pais e filhos, possibilitando que essas pessoas pudessem viver e permanecer juntas. Mas mostra também como a psicanálise ajudou a divulgar, por intermédio de um dos seus conceitos centrais, o Édipo, "os vícios de uma opressão patriarcal, que proibia às mulheres o gozo dos corpos, às crianças o gozo do autoerotismo sem entraves, aos marginais o direito de desenvolver suas fantasias e suas práticas perversas" (p. 8), ou seja, características que marcavam a família burguesa.

Como nos lembra Moreno (2004), a família burguesa, centrada na criação dos filhos, favoreceu a aproximação amorosa entre pais e filhos e promoveu a reciprocidade de sentimentos e desejos. Foi a partir dessa formação particular que as regulamentações do parentesco e os prazeres se cruzaram, gerando formas mistas de aliança extraviada e sexualidade anormal. Não por acaso, Freud indicava que as engrenagens íntimas, as causas últimas da subjetividade e da identidade, deveriam ser buscadas na sexualidade. A moral sexual civilizada da família burguesa irá mesclar os dispositivos de aliança a uma completude a ser buscada para sustentar o ideal de amor romântico, que entre outras coisas pretendia normatizar o casal heterossexual e sua sexualidade.

Estamos diante da trajetória de um complexo par amor e sexo, que guiou a formação das famílias modernas e tentou aplacar, na época, a exaltação sem controle da libido com a invenção de um ideal de romance que se tornou o mais importante da Modernidade. Aos poucos, a sociedade passou a ser organizada pelos sentimentos e, além de só se casar por amor, os laços de sangue passaram a valer menos que os laços de afeto, abrindo espaço para que o amor fosse condição dos laços. Ao se tornar o eixo da vida dos indivíduos, o amor inaugura uma nova maneira de existir, mais centrada na tarefa amorosa de cuidado com as crianças e na ânsia de ser amado e reconhecido pelos pares. Pode-se dizer que os sujeitos contemporâneos se definem pelo romance que tecem sobre si desde sua infância e que se destina a responder sobre o *quantum* de amor que lhes cabe.

Da visita que Souza faz ao texto *Moral sexual "civilizada" e doença nervosa moderna* (Freud, 1908), ele resgata a preocupação de Freud com a repressão sexual da época e sua posição favorável ao abandono da imposição de abstinência sexual antes do casamento. Previsão confirmada, com a liberdade sexual na contemporaneidade, homens e mulheres são os próprios reguladores de suas práticas afetivo-sexuais e formam pares conjugais fundados somente em suas escolhas amorosas, mantidos por acordos e negociações. O casamento deixa de ser uma instituição, tornando-se apenas uma formalidade que tenta administrar as expectativas antigas do laço conjugal em termos de durabilidade com a experiência das prazerosas paixões extraconjugais, um novo desafio que as mudanças das antigas regras impõem. A exigência de simetria das novas conjugalidades demanda ou a fidelidade recíproca ou liberdades físicas livremente consentidas, desde que sejam confessadas ou que não perturbem o clima amoroso. Souza termina salientando que tais exigências costumam desembocar em uma expectativa de ter de se ser, para a pessoa com quem se vive, o amante, o cônjuge, o marido ou a mulher, o pai, a mãe, irmão ou irmã, confidente, amigo, confessor etc. Sendo o indivíduo o único legislador de sua relação amorosa, ele precisará negociar constantemente com o parceiro, se o objetivo de ambos for prolongar o relacionamento. A duração do casamento, a capacidade de viver junto por um longo tempo, as tentativas do casal de manter o interesse sexual recíproco, o cuidado com a gerência da vida familiar e o desgaste do casamento por causa de problemas relacionados aos filhos ou às finanças são alguns dos fatores que surgem no cenário atual e demandam soluções aos sujeitos e aos pares. Transgressiva por sua natureza perversa, a sexualidade humana não cessa e não cessará de impor controle e regras ao convívio entre os pares amorosos.

As questões levantadas por Souza ecoam de certa maneira no trabalho da pesquisa sobre os mecanismos constitutivos da conjugalidade contemporânea realizado por Heilborn (2004) e cujos resultados se encontram em seu livro *Dois é par: gênero e identidade sexual em contexto igualitário*. Ao entrevistar casais heterossexuais e homossexuais masculinos e femininos com o intuito de comparar as expectativas e soluções conjugais de cada tipo de par, a autora deparou com mecanismos inconscientes que apontavam a assimetria dos gêneros em sujeitos comprometidos com o ideal de igualdade.

O que constituiria uma união conjugal igualitária e contemporânea na versão dos entrevistados tem suas razões fixadas no *amor*, ainda que a maioria indique ser este um amor *irracional*. Além disso, a escolha é recíproca e os critérios são de ordem subjetiva. A reverência a esse tipo de vínculo é explicada pelo valor de referência social que ele mantém, e por se constituir num modo de gerenciamento da vida sexual e amorosa que favorece as demais instâncias da vida. O fato de essas relações ansiarem uma completude, já que se formam na base do ideal romântico, aponta o dilema do casal igualitário moderno na preservação de sua individualidade. A manutenção do vínculo é árdua e são necessárias muitas negociações para que se possa administrar a *bem-vinda e necessária* intimidade, evitando-se invadir os limites da privacidade, também *necessária*, de cada um dos pares. O que a autora chama de *contabilidade conjugal* refere-se a esse monitoramento, que tem por finalidade ajustes permanentes do *fluxo de trocas entre um casal*. Sendo casais igualitários, esse monitoramento visa garantir a mutualidade entre deveres, obrigações e concessões, cuja realização acaba sendo impossível, graças à irredutível singularidade de cada indivíduo.

As relações extraconjugais estão entre esses ajustes e foram abordadas aqui pela forma com que são gerenciadas. A autora percebe uma leve alteração na necessidade de confissão da infidelidade, que funcionava como critério de grande importância nos anos 1980, muito ligada a uma lealdade esperada pelos parceiros que se sentiam menos traídos pelo ato em si do que pela ignorância do fato. A exclusão do cônjuge a respeito do fato poderia alterar o rumo do relacionamento. Segundo Heilborn, essa prática da fidelidade confessional parece dar lugar, aos poucos, a uma nova lei do *silêncio*, em que as pessoas buscam se esquivar da contínua administração das revelações, que podem colocar em risco o casamento. Nesse sentido, prevalece uma tentativa de minimizar a importância da infidelidade desde que se sustente na certeza da maior importância daquela união sobre as demais relações. Mais uma vez é esperada a *lealdade* para que a ética do casal permita a omissão de casos extraconjugais sem o comprometimento do vínculo. Embora Heilborn tenha detectado a aposta na durabilidade do laço conjugal, há também a aceitação de que as separações devam acontecer quando isso for inevitável. Ela analisa os princípios norteadores da vida conjugal assinalando as diferenças de gêneros e de identidade sexuais em quatro diferentes áreas: *o trabalho doméstico, o cuidado com a relação, o nexo amizade e sexo e a gramática da cópula*, todos inseridos no exercício da *contabilidade conjugal*. Tanto no trabalho doméstico quanto nos cuidados com a relação, há uma diferença significativa no papel desempenhado pelas mulheres de casais heterossexuais "que se ocupam, em sentido lato, do bem-estar a dois, configurando uma espécie de abnegação feminina" (Heilborn, 2004, p. 173). Quanto ao par amizade e sexo, percebe-se que o casal moderno, marcado pela rejeição dos constrangimentos do modelo *prisão* dos casamentos antigos, ambiciona manter uma relação de amizade, enaltecendo o companheirismo. Nem por isso a dimensão sexual perde o seu valor, mantendo-se como o principal termômetro da saúde do vínculo conjugal. É aqui que entra a gramática da cópula, que mostra que esse lugar de privilégio da realização sexual entre os pares tem diferenças nos pares heterossexuais, homossexuais masculinos e homossexuais femininos. A autora mostra como para os dois primeiros tipos de união (heterossexual e homossexual masculino) o sexo ocupa um lugar muito mais importante para sua manutenção do que nos pares formados por homossexuais femininas, fator responsável pela maior duração desse tipo de vínculo. Ela aponta aqui uma diferença entre homens e mulheres, mostrando como a satisfação sexual tem um peso maior para os homens – hetero ou homossexuais – do que para as mulheres, fator que incidiria diretamente na possibilidade de fidelidade sexual entre os pares.

A pesquisa confirma que as uniões conjugais atuais seguem o modelo do amor romântico ao colocar o amor como razão de sua existência, e a fidelidade sexual esperada entre os pares, embora ocupe lugar de destaque, encabeça o que a autora chama de *contabilidade conjugal*. Essa tentativa de esmiuçar os modos como são gerenciadas essas relações conjugais remete aos consensos e acordos típicos das uniões contemporâneas que, na falta das antigas regras sociais claras que orientavam os papéis sexuais, são fundamentais na delimitação do poder, do prazer, do permitido e do proibido. Nesse sentido, seria importante destacar as relações nem sempre elucidadas entre liberdade, igualdade e singularidade, trio de referência para essa autora na questão da constituição dos pares. A igualdade entre os gêneros, que no âmbito social aparece como conquista referendada (direitos conquistados), problematiza-se no convívio íntimo através da liberdade, que, embora seja esperada, é causadora de incertezas e riscos, deflagrando os conflitos que as singularidades impõem. A fidelidade sexual esperada ou exigida pelos pares passeia entre esses três ângulos e insiste em escapar ao exercício da contabilidade conjugal.

É sabido que, ao perder a consistência de ofensa moral, a figura do adultério e da exclusividade amorosa ou sexual passa a ser uma exigência que necessitará de negociações entre os pares. Freud (1914) chamou a atenção para o fato da fidelidade e da monogamia, dois pilares do modelo de casamento burguês, estarem articulados à exigência de exclusividade que todos sofrem diante do anseio de resgatar o amor incondicional imaginado na fusão com a mãe. Também apontou a importância da intervenção de um terceiro, ou do nascimento dos irmãos, fatores responsáveis pelas vivências dos sentimentos de ciúmes e rivalidade. A fidelidade, portanto, articula-se com o amor e funda a necessidade de se sentir amado, reconhecido e valorizado de forma exclusiva. Por outro lado, a fidelidade anuncia a cisão entre amor e desejo para ambos os sexos.

Aulagnier (1991) acredita que a fidelidade teria um significado diferente para cada um dos sexos porque essa cisão incide de forma diversa para homens e mulheres. No homem, a cisão amor e sexo funcionaria como garantia de sua virilidade e por isso sua fidelidade a uma mulher seria encarada como uma renúncia amorosa, apesar do desejo. Renúncia esta que estaria sempre em questão, se a percepção da beleza feminina das outras lhe deixasse indiferente e isso viesse a acionar o espectro da impotência. Nesse caso, sua infidelidade funcionaria como reasseguramento e reafirmação de seu desejo, no intuito de tranquilizar-se mediante as ressonâncias das cicatrizes de suas renúncias edípicas, caso a mulher amada se aproximasse do lugar proibido da mãe. Por preferirem camuflar o fascínio do desejo, as mulheres se utilizariam mais do álibi do amor. Essa seria, segundo Aulagnier (1991), a razão de as mulheres serem mais partidárias do amor único e fãs confessas da fidelidade. Ao disfarçar seu desejo para não se sentir totalmente carente deste, a mulher pode se oferecer ao desejo de seu parceiro e esperar que ele comprove ser ela única e insubstituível. Essas, no entanto, seriam condições nascidas no imaginário feminino e masculino fundado em identidades mais tradicionais.

Os impulsos sexuais e amorosos são necessariamente intermitentes, já que o registro da satisfação se produz por contraste com momentos de insatisfação. O fato de o amor e o sexo terem registros diferentes torna a exigência de exclusividade amorosa e sexual demandada pelos pares bastante delicada, conflituosa e dependente de acordos prévios sempre refeitos. Cabe aqui refletirmos sobre a desconstrução de um modelo passivo e restritivo que cabia às mulheres, muitas vezes sem conseguirem ser sujeitos de uma escolha amorosa. Ao se libertar do recalque que lhes era imposto, muitas delas não ocupam mais a posição passiva e identificam-se com a posição ativa de busca ou escolha do parceiro e de separação entre amor e sexo (Jerusalinsky, 2004). Por seu lado, os homens, ao perceberem que seu pênis já não tem o mesmo valor, passam a adornar seu corpo para serem desejados. Essas identidades cruzadas compõem na atualidade uma diversidade de posições sexuais e amorosas que questionam as identidades clássicas.

As novas gerações levam em conta a separação entre amor, sexo e matrimônio, condições antes fusionadas pelo ideal de amor romântico e que orientavam o casamento monogâmico. As mudanças deflagradas no âmbito familiar, sejam nas relações entre pais e filhos, sejam nas uniões dos pares amorosos, apontam mudanças nas identidades femininas e masculinas.

Os modelos identitários que em geral eram binários (pai ou mãe, feminino ou masculino) hoje apresentam uma multiplicidade de figuras de referência, indicando que o indivíduo contemporâneo se desenvolve em um entorno muito menos estável ao redor de inúmeras possibilidades identificatórias. A virilidade e a feminilidade passeiam entre os gêneros e ajudam a compor essa diversidade identitária. Os conceitos de feminino e masculino como vias de subjetivação independentes das categorias de gênero compõem pares opostos diferentes e que se articulam: homens-mulheres, posição feminina-posição masculina, feminilidade-masculinidade, os quais podem formar combinatórias singulares em cada um. Como consequência, percebe-se mudanças na forma como cada um pensa sua própria identidade e realiza suas relações com os outros, assim como as referências dessa identidade que podem não estar mais somente ligadas a uma busca de si perdida no passado infantil, mas à adesão a certas formas de condutas que premiam ou punem quando há desvios – seja na imagem ou na performance –, já que os valores, estilos de vida e normas sofrem hoje uma grande influência do mercado e da mídia. São novos repertórios de condutas e novos modelos de convivência, mas embora a formação dos pares conjugais tenha se tornado independente do sexo ou da orientação sexual de cada um, fica mantido o amor como eixo central das escolhas, mostrando que *o para toda a vida* do romantismo deslocou-se para *o que seja infinito enquanto dure*. Tal constatação é corroborada pela clínica psicanalítica que assiste a jovens e velhos que ainda sonham com a relação amorosa *verdadeira*. Até que ponto, segundo Verhaeghe (2001), isso apontaria para uma mudança no valor da segurança em detrimento da sexualidade?

Costa (1998) acredita que o fato de o parceiro sexual ser consensualmente entendido como uma contingência inevitável, enquanto o eleito amoroso aciona expectativas de um encontro com alguém especial, faria com que o *amor* se tornasse moralmente mais importante do que o sexo na atualidade. Ele cita Solomon, para quem o indivíduo contemporâneo, que perdeu os suportes tradicionais de doação de identidades e precisa se redescrever constantemente, encontraria no amor um lugar de repouso. Na relação amorosa, mais do que em qualquer outra, ganhar-se-ia um tipo de certeza que pacificaria a inquietude da construção de si sem a garantia do amanhã.

Mas o encontro amoroso só desfruta de uma frágil estabilidade se cada um dos parceiros puder afirmar a existência um do outro e recusar sua precariedade, tornando-o necessário, explica Jorge (2002). Como o desejo é uma referência instável sempre a lembrar que o parceiro eleito poderia ser esse, aquele ou outro, precisamos transformar o encontro contingencial em um encontro com o parceiro ideal, que possa preencher a falta e promover a completude. O amor daria ao encontro sexual um sentido de referência e estabilidade, visando diminuir o *nonsense* do real, ainda que não se elimine a diferença entre amor e sexo, inscritos em registros diferentes e mobilizando aspirações psíquicas diversas.

Se as promessas de fidelidade assumem um papel de produzir imaginariamente um amálgama entre o amor e o sexo, há sempre impasses. Quando feitas na expectativa de que o parceiro amado responda através dela pelo seu amor, encarnam repetidamente a contradição entre o amor e o sexo. Porém, se o *verdadeiro* amor é uma aposta que em sua origem promete a junção do amor e do sexo, a fidelidade veste as cores da verdade. A verdade do *amor*. Por isso, ela é exigida, seja de forma ruidosa ou silenciosamente, como prova de *amor verdadeiro*. E se a condição do amor romântico é a ilusão de completude, de ser amado incondicionalmente, a infidelidade sexual revelaria insistentemente essa construção ilusória do par amoroso. Seria esse o desafio para as uniões conjugais na atualidade?

3.

Amor, sexo e fidelidade em Freud

> "Uma das formas através da qual o amor se manifesta – o amor sexual – nos proporcionou nossa mais intensa experiência de uma transbordante sensação de prazer, fornecendo-nos assim um modelo para nossa busca de felicidade.
> Há, porventura, algo mais natural do que persistirmos na busca da felicidade do modo como a encontramos da primeira vez?
> Entretanto, nunca nos achamos tão indefesos contra o sofrimento como quando amamos, nunca tão desamparadamente infelizes como quando perdemos o nosso objeto amado ou seu amor".
>
> (Sigmund Freud, *O mal-estar na civilização*, 1930)

Esse parágrafo de *O mal-estar na civilização*, de 1930, não só resume algumas questões perseguidas por Freud em seu intuito de elucidar quais elementos fazem parte e como eles se articulam nas relações amorosas humanas, como demonstra ser para ele a própria relação amorosa a que contém a pergunta e a resposta moderna para a humanidade. Alvos ansiados na busca da felicidade, *amor, sexo e prazer* foram vasculhados por Freud, que não deixou de sublinhar sua origem: a memória fantasiada de um tempo de plenitude que se deseja repetir. Se essa busca é inevitável, também o são os percalços decorrentes dela, a saber, todo o sofrimento produzido pela perda dos objetos amados originários e os que se seguem durante a vida. O que a psicanálise, após cem anos, teria a acrescentar sobre o sexo e o amor, ou mais precisamente, sobre as relações amorosas contemporâneas?

Certamente as incidências do discurso da psicanálise sobre a cultura ocidental deste último século são reconhecidas pela maioria dos pensadores contemporâneos. Freud não só foi um crítico e um observador da cultura de sua época, apontando os ideais, as normas, as condutas e a dupla moral que interferiam na vida amorosa vitoriana, como se dedicou a decifrar os sintomas psíquicos, valorizando as ressonâncias da história pessoal e das fantasias de cada um e descobrindo as motivações inconscientes por trás das escolhas amorosas de homens e mulheres. Seus textos mostram tanto a evolução de seus conceitos em torno da vida amorosa de seus pacientes, quanto de certas formações subjetivas constitutivas que até hoje orientam os psicanalistas em sua função clínica. Sem dúvida, o amor romântico passeou pelas construções freudianas, mas, atrás do biombo que esconde seus mistérios, Freud perseguiu os desejos. A busca do amor incondicional guarda o desejo de ser amado como um eterno presente de plenitude. É essa fantasia de completude que todos querem resgatar pelo viés do amor.

São vários os textos freudianos que contribuíram para se pensar sobre o campo amoroso e sexual. Dentre estes, *Moral sexual "civilizada" e doença nervosa moderna* e os reunidos sob o título de *Contribuições à Psicologia do Amor* nos fornecem, não só reflexões preciosas sobre a vida amorosa de homens e mulheres da época vitoriana, como apresentam indicações clínicas importantes do lugar que a fidelidade e as infidelidades ocupam na subjetividade ainda hoje.

A escolha pelos textos freudianos implica tomar a história da psicanálise levando-se em conta a evolução de seus conceitos entre sua inicial concepção biologizante associada à descoberta da sexualidade infantil, à valorização do erotismo da criança e à centralidade da repressão como saída tanto para os sintomas quanto para os destinos sublimatórios, e o deslocamento rumo ao terreno das relações familiares e do complexo edípico, responsável pelo intrincado mundo afetivo em que a criança deverá viver sua *novela familiar* e ganhar *status* de sujeito apto a compartilhar e buscar na cultura seu futuro. É bom salientar que as várias convergências teórico-clínicas em torno da relação originária mãe-criança parecem ir em direção a uma ponte importante entre as marcas do excessivo ou traumático em todas as suas dimensões e o complexo afetivo que se segue.

Psicanálise e vida amorosa

A recepção às ligações que Freud apontou entre as neuroses e a sexualidade reprimida imposta pela moral de sua época foi bastante ruidosa. Essa reação não era gratuita, já que os valores burgueses tentavam não só desviar a atenção que a sexualidade despertava como abater a importância da ligação do sexo com o prazer.

Em 1908, no texto *Moral sexual "civilizada" e doença nervosa moderna*, Freud empreende uma crítica audaciosa a essa moral, aponta suas razões e contradições e declara a sexualidade tanto fonte imprescindível de prazer, como de doenças nervosas quando represada e sem possibilidade de se manifestar. Sua crítica privilegia os casamentos de então, que pretendiam *civilizar* as relações sexuais restringindo-as à sua vigência e impondo limites à vida sexual de homens e mulheres (principalmente destas). Às voltas com a escuta de suas histéricas, Freud credita a essa abstinência sexual e à supressão da satisfação sexual para as mulheres sua propensão aos distúrbios nervosos. As relações sexuais no casamento também não ofereceriam as esperadas compensações pelas restrições, sujeitas que estariam aos inúmeros fatores impeditivos de uma relação íntima (falta de métodos anticoncepcionais mais eficazes, nascimento de filhos, partos, saúde da mulher), o que levaria a grande maioria de volta à abstinência sexual, acrescida não só de uma desilusão, como da necessidade de subjugar e defletir a pulsão sexual. Restaria atrelar-se aos filhos que amamentam ou contraírem graves neuroses, lançando sombras duradouras sobre suas vidas. Os homens seriam favorecidos pelas convenções sociais que lhe concedem uma liberdade sexual maior: "Essa moral dupla, que é válida em nossa sociedade para os homens. é a melhor confissão de que a própria sociedade não acredita que seus preceitos possam ser obedecidos" (Freud, 1908, p. 180).

Ao comentar uma prática dos médicos de sua época que aconselhavam o casamento contra os distúrbios nervosos femininos, Freud (Ibid.) diz:

> A cura das doenças nervosas decorrentes do casamento estaria na infidelidade conjugal, embora quanto mais severa houver sido a educação da jovem e mais seriamente ela se submeter às exigências da civilização, mais receará recorrer a essa saída; no conflito entre seus desejos e seu sentimento de dever, mais uma vez se refugiará na neurose. Nada protegerá sua virtude tão eficazmente quanto uma doença.

Certo dos prejuízos que as condições proibitivas que a civilização impunha à realização do desejo feminino (mesmo após o casamento), Freud (Idem, p. 182) apela à hipocrisia ao revelar a diferença na tolerância da cultura em relação às manifestações de seu erotismo. A sociedade burguesa

> não somente proíbe as relações sexuais e oferece altos prêmios à preservação da castidade feminina, mas também protege a jovem da tentação durante o seu desenvolvimento, conservando-a ignorante do papel que irá desempenhar e não tolerando nela qualquer impulso amoroso que não possa conduzir ao casamento.

Continua mostrando ser esse retardamento desastroso o que aumentaria as chances tanto de um desapontamento do parceiro quanto de sua frigidez. Quando, "no clímax de sua vida de mulher, vivendo uma relação deteriorada com o marido, seu desejo se impusesse, restar-lhe-ia a infelicidade, a infidelidade ou a neurose".

Considerado um texto paradigmático de uma reflexão sobre o papel da cultura na vida sexual dos indivíduos, nele se percebe o empenho em discutir alternativas para tornar a vida amorosa de sua época mais satisfatória, buscando as médias medidas que deveriam existir entre a canalização da sexualidade para fins sublimatórios (base dos ideais reguladores de toda a sociedade) e a fúria repressora da moral. Como assegurar um montante de satisfação sexual direta? A discussão sobre o preço cobrado pela cultura, seja no adiamento da satisfação, na renúncia à onipotência e à completude ou aos gozos sexuais e agressivos, continuará a ser tema de reflexão para Freud, e já aqui podemos vê-lo problematizando o destino das pulsões sexuais de homens e mulheres articulados à realização do ideal cultural romântico de sua época – o casamento –, que pressupunha gratificação erótica, amorosa, exclusiva e duradoura.

Ainda entre os polos da pulsão e da cultura, da perversão e da neurose, Freud analisa algumas condições que homens e mulheres elegem para as suas escolhas amorosas na dura batalha edípica, tendo como pano de fundo a fusão com o primeiro objeto de amor e os intrusos que se interpõem a ela, disparando os impulsos agressivos e hostis, a possessividade e o ciúme.

No texto de 1910, *Um tipo especial de escolha feito pelos homens* (Contribuição à psicologia do amor I), Freud aborda certas estratégias escolhidas por homens que, diante da atração exercida pelo objeto original e proibido de amor (mãe), elegem algumas condições para a escolha de suas parceiras amorosas. A existência de uma terceira pessoa prejudicada na disputa (outro homem) e a atração por mulheres com reputação sexual duvidosa seriam as condições. Já a repetição desse modelo de escolha durante a vida, e a necessidade de cuidar, proteger e muitas vezes tornar essas mulheres virtuosas, seria o comportamento de muitos homens diante da necessidade de manter a cisão entre amor e sexo, medida protetora de uma aproximação do objeto incestuoso (mãe).

Tais medidas protetoras dos homens para o destino de suas vidas amorosas anunciam a relevância da interdição da relação primária com a mãe. Embora nesse texto Freud se restrinja às consequências operadas nas escolhas amorosas dos homens, a força dessa relação originária e o luto dessa separação necessária serão de particular importância para os destinos amorosos de todos (complexo de Édipo). Também a lógica do terceiro excluído se revelará bastante comum na figura de homens que só podem amar na rivalidade. O complexo das relações infantis com um objeto originário, a força poderosa dessa relação primordial com a mãe, a fidelidade exigida, os ciúmes que fatalmente surgem diante do terceiro (as infidelidades) estão contidos nas concepções sobre o narcisismo, formulação esta contemporânea a esses textos e que irá organizar a sexualidade infantil (pulsões autoeróticas) em torno de um objeto de amor. O narcisismo lhe permitirá abordar a vida amorosa e erótica e suas diferenças para homens e mulheres.

Ao marcar as condições para a escolha do objeto amoroso, Freud antecipa o lugar de excelência ocupado pela fantasia. Nesse texto, ele destaca o estatuto de condição que a infidelidade do objeto escolhido teria para o desejo masculino. Ser um objeto depreciado sexual e moralmente aumenta a distância deste para com a figura da mãe-santa, assim como ser um objeto que sai dos braços de um rival pode incrementar esse desejo, ao remeter ao gozo da disputa do objeto de amor infantil com um terceiro. Terceiro este que voltará a ser objeto de análise de Freud, ocasião em que ele problematiza essas condições nascidas, não só sob os ciúmes, a rivalidade e a hostilidade na disputa pelo objeto privilegiado, mas também no amor homossexual e nas defesas contra ele.

As restrições da cultura, o modelo familiar burguês e a particular conjuntura de convivência entre seus membros favorecerão a construção de ficções infantis, nascidas principalmente na turbulência excessiva do complexo triangular mãe-criança/irmãos-pai, que poderão incidir nas formas de amar e nos roteiros eróticos erigidos em torno do desejo. As figuras da mulher-mãe e da mulher-prostituta, duas construções culturais importantes da era burguesa, que tentavam representar e acomodar o conflito masculino, permanecem no imaginário social contemporâneo e ainda promovem cisões importantes do feminino para a vida amorosa de homens e mulheres, mostrando que a figura da mulher, destinada a ser tanto a mãe que cuida e ama quanto a prostituta que se deleita com os jogos do amor, produz sintomas, ainda que essas figuras tenham perdido seu vigor de modelos identitários fixos.

Se no primeiro artigo de *Contribuições à Psicologia do Amor* Freud discorre sobre escolhas amorosas especiais de homens, no segundo ele abre para a vida erótica masculina em geral ao abordar o problema da impotência psíquica. No texto *Sobre a tendência universal à depreciação na esfera do amor* (1912), afirma que as razões para a impotência psíquica nos homens advêm da dificuldade em conjugar, em um mesmo objeto, duas correntes diferentes – a amorosa e a sensual – e conclui que a divisão entre um objeto amoroso valorizado e um objeto sexual depreciado faz parte da vida sexual do homem civilizado que necessita respeitar e valorizar a mulher amada e depreciar a mulher desejada. Essa depreciação cumpriria sua função de defesa contra a atração ao objeto originário incestuoso.

A divisão entre objeto de amor e objeto de desejo nos homens faz parte de uma clivagem inevitável entre o amor e o desejo, constitutiva da própria sexualidade humana. Freud chega à conclusão que sem alguma depreciação a vida erótica ficaria inviabilizada, já que a cisão também se deve à forte ligação do desejo sexual com a impessoalidade das pulsões perversas infantis. Embora essa cisão entre amor e sexo seja válida tanto para homens quanto para mulheres, a incidência desta e suas estratégias são diferentes para cada sexo, e nesses textos Freud está mais atento às suas consequências para os homens. "A clivagem é inevitável, e o desejo só se resguarda do amor graças a diferentes processos que separam a amada dela mesma, dissociando-a entre sua face noturna e aquilo que ela deixa surgir à luz do dia" (Pommier, 1992). Pinho (2004) também chama a atenção para o fato de essa divisão entre um objeto amoroso valorizado e um objeto sexual depreciado continuar a fazer parte da vida amorosa de uma grande parcela dos homens, o que seria comprovado pelo seu aparecimento assíduo na clínica. Essa depreciação continuaria a ser protetora nas escolhas de seus objetos sexuais a fim de que a sensualidade se expresse livremente, ainda que na cultura atual a condição de desvalor do objeto possa assumir feições diferentes ou deslocadas do modelo da prostituta ou da mulher desvalorizada socialmente. Acontece de essa divisão se manter por meio de estratégias que tornam o mesmo objeto por vezes supervalorizado, e outras, depreciado.

Ainda no texto *Sobre a tendência universal à depreciação na esfera do amor*, Freud volta-se à proibição cultural da vida erótica das mulheres da época, responsabilizando-a pelo grande número de mulheres frígidas. O fato de as mulheres dificilmente transgredirem a proibição cultural, ao contrário dos homens, torna tal proibição uma condição de enaltecimento e valorização da mulher enquanto objeto sexual. A proibição funcionaria como elemento importante do erotismo feminino, sendo seu velamento uma condição para o desejo masculino. Analisada sob o olhar da cultura atual, percebe-se que essa afirmação de Freud se aproxima mais dos jogos eróticos entre os sexos e, mesmo que essa condição se mantenha como um saber intuitivo de certas mulheres sobre o valor desse velamento para o desejo sexual de alguns homens, é provável que esses jogos tenham conquistado novas cores e possibilidades diante das mudanças da posição subjetiva das mulheres.

No entanto, o peso da interdição do objeto originário e a necessidade de afastar-se do temor e da atração dos mesmos justificariam a infidelidade de certos homens e mulheres, que se sentiriam mais à vontade com parceiros escolhidos somente pela corrente sensual. É a essa *depreciação universal* que Freud se refere. Se a fantasia de prostituição da mulher pode funcionar como um dispositivo facilitador para o desejo do homem, ainda que por vias diferentes, Calligaris (2003) mostra como isso ocorre também com as mulheres. Segundo a autora, a paixão da menina pelo primeiro homem, o pai, aponta a divisão entre amor e sexo e muitas mulheres precisam imaginar-se transgredindo a fidelidade ao pai por meio da fantasia de prostituição.

Na terceira parte do texto *Sobre a tendência universal à depreciação na esfera do amor*, Freud empreende um debate sobre a crença de que uma maior liberdade sexual pudesse ser responsável por uma maior satisfação das pulsões, concluindo que se não houvesse um limite por parte da civilização o resultado não seria melhor, dado que o valor psíquico das necessidades eróticas se reduz, tão logo se tornem fáceis suas satisfações. Para ele, a cultura de cada época contribui com suas normas e restrições e "quando as resistências naturais à satisfação não forem suficientes, o homem sempre erguerá outras, convencionais, a fim de poder gozar o amor".

Diante da impossibilidade de harmonizar pulsão e cultura, Freud passa a analisar as vicissitudes da satisfação das pulsões e como estas incidiriam nas relações amorosas do então supervalorizado casamento monogâmico. Em pauta, o ideal de amor romântico e sua pretensão de junção entre amor e sexo. Haveria casamento que garantisse a felicidade amorosa e sexual? Para elucidar as singularidades desta união de dois seres e refletir sobre a complexidade de suas diferenças, Freud utiliza-se da figura do bêbado e da sua relação com a bebida, cujo prazer seria comparado pelos poetas ao prazer de um ato sexual. Parceria perfeita que não demandaria trocas constantes do tipo de bebida e em que o hábito reforçaria o vínculo, sem necessitar de proibições ou obstáculos para aumentar sua satisfação, já que esta não diminuiria à medida que o satisfizesse. Relação aditiva e por isso idealizada nos moldes da negação da castração, Freud declara a impossibilidade de a convivência amor e sexo produzir satisfação permanente, o que afetaria não só as escolhas amorosas como sua manutenção. A fidelidade seria um dos impasses dos casamentos monogâmicos graças à história do desenvolvimento psicossexual (e amoroso) humano, que imporia à eleição amorosa de um objeto privilegiado as ligações incestuosas com os primeiros objetos idealizados. A repressão seria indispensável e a interdição necessária. Isso se refletiria na inconstância da escolha de objetos e no anseio por estimulação que caracterizaria o amor adulto. Além disso, o fato de a sexualidade humana ser originalmente perversa e polimorfa manteria intactos certos prazeres autoeróticos, que exigiriam satisfação parcial:

> Os órgãos genitais propriamente ditos não participam do desenvolvimento do corpo humano visando à beleza: permanecem animais e, assim, também o amor permaneceu em essência tão animal como sempre foi. Os instintos do amor são difíceis de educar; sua educação ora consegue de mais, ora consegue de menos. O que a civilização pretende fazer deles parece inatingível, a não ser à custa de uma ponderável perda de prazer: a persistência dos impulsos que não puderam ser utilizados pode ser percebida na atividade sexual, sob a forma de não-satisfação (p. 195).

Os textos agrupados em *Contribuições à Psicologia do Amor* são tentativas de Freud em articular suas descobertas clínicas com as vicissitudes da vida amorosa de sua época, em particular as que organizam a convivência entre amor e sexo. Apesar das mudanças que a cultura atual apresenta, os textos continuam a oferecer observações importantes sobre as condições de escolha do objeto sexual e amoroso, além de reiterarem a centralidade do complexo de Édipo como ponte entre a força da relação primitiva com a mãe e o desvencilhamento necessário dos objetos incestuosos proibidos em direção aos disponíveis na cultura. Cultura esta que se funda nos pactos com os interditos da pulsão ou do desejo humano. A relação sujeito e cultura é perpassada pela interdição do incesto e pelas formas de poder e de organização social de cada época, que se encarregam de constituir novas legalidades e restrições. Nesse sentido, como lembra Katz (2000), não se pode ignorar o prazer obtido nos investimentos amorosos equivocados dos sujeitos do tipo especial de escolha objetal, nem desconsiderar a positividade e o prazer que suas breves e insistentes conquistas lhes trazem ou o deslocamento veloz nas escolhas objetais e a enorme labilidade das finalidades psíquicas.

Se há uma questão central nos textos, é que eles apontam a impossibilidade de convivência dos registros do sexo e do amor de forma permanente e satisfatória, funcionando como expectativa de felicidade conjugal. No decorrer de sua obra, Freud situa registros diferentes para o amor e o sexo, o que acarreta duas tendências antagônicas quanto à fidelidade aos objetos escolhidos. De um lado, uma fidelidade amorosa a um objeto original, buscado como retorno a uma perfeição narcísica; de outro, a infidelidade do desejo diante dos objetos impessoais da pulsão. A fidelidade e as infidelidades ainda irão se articular à figura do terceiro, responsável pela constituição da alteridade, delineando mapas diferentes para cada gênero, assim como condições singulares para cada sujeito. Vejamos como Freud descreve a gênese do amor e do sexo.

Pulsão e amor

Ao escrever *"Três ensaios para uma teoria sexual"* (1905), a intenção de Freud era mostrar, contra a opinião comum, que a sexualidade humana incluía um domínio mais vasto do que o ato sexual adulto, limitado a uma só fonte, o aparelho genital, e a um só alvo, a união sexual ou as ações que conduzem a ela. São os desvios desse ato os responsáveis pela imensa variedade de destinos sexuais, que Freud irá chamar de zonas erógenas.

Ainda nesse texto, ao utilizar o mito descrito em *O Banquete* sobre os seres divididos em duas metades que aspiram a se reunir de novo no amor, Freud tenta mostrar que, ao contrário do mito amoroso, as pulsões sexuais buscam qualquer objeto para se satisfazer. Os objetos não são fixos, e sim variados e contingentes, e a sexualidade humana não possui um instinto natural que impulsiona um sexo ao outro, como acontece com os animais. Ao contrário, os objetos sexuais e as vias de satisfação se constituem e se renovam infinitamente, conferindo à pulsão um caráter de indeterminação. Existiriam múltiplos percursos possíveis para que as pulsões atinjam a sua finalidade, que seria sempre a satisfação, e é isso que marca tanto a relatividade dos objetos quanto a singularidade do campo de objetos de satisfação para cada sujeito.

Em *Os instintos e suas vicissitudes* (1915), como o próprio título anuncia, Freud utilizará suas formulações sobre o narcisismo para articular os destinos dessas pulsões ao objeto primordial responsável pela constituição do eu. A pulsão possui uma fonte somática (zonas erógenas), que exerce pressão no interior do organismo pelo acúmulo de tensão provocada pela excitação. O objeto escolhido originalmente seria qualquer objeto que ofereça condições de diminuir a tensão no interior do organismo, já que a descarga da pulsão seria muito mais importante do que o próprio objeto. No início da vida mental, o eu é investido com as pulsões, satisfazendo-as em si mesmo. Esse seria o narcisismo primário, e tal forma de obter satisfação seria autoerótica. O mundo externo ainda é indiferente, e o eu é identificado com tudo o que é prazeroso.

São as pulsões do eu que acabam por colocar a mãe cuidadora como um objeto diferenciado, no momento em que o eu pode perceber sua ausência pelo fato de às vezes não ser satisfeito. Passa-se a amar o objeto que dá prazer e odiar o que causa desprazer. Os vínculos de amor e ódio acontecem entre o eu total e os objetos, e é a partir da constituição desse eu que se pode amar e desejar sexualmente como um todo.

De modo bastante resumido, pode-se dizer que na fase oral o amor é incorporação do objeto ainda indiferenciado e sua finalidade sexual é provisória (indiferença). Na fase anal, haveria uma luta pelo domínio do objeto, mas o amor e o ódio ainda não se distinguem em relação ao objeto (amar e ser amado) e só serão dirigidos ao mesmo objeto quando este adquire estatuto de alteridade, podendo faltar (amor/ódio). Como se vê, as vicissitudes da pulsão ficam sujeitas à influência das três polaridades da vida psíquica: eu-objeto, prazer-desprazer, atividade-passividade.

A pulsão é uma medida de exigência de trabalho imposta ao psiquismo, que precisa ser submetida a um processo de ligação e simbolização para se inscrever. Embora vise à descarga, transforma-se em um circuito pulsional para se articular a um campo de objeto através do qual realiza a satisfação. Esse trabalho é agenciado pelo outro, que vai oferecer possibilidades de satisfação. Nesse sentido, as pulsões não se descarregam diretamente ou na sua totalidade, porque o eu pode opor-lhe uma ação defensiva de quatro diferentes modos. Além dos mais conhecidos, como o recalque e a inibição (que podem transformar a pulsão sexual em ternura), o eu pode desligar o fluxo pulsional do objeto e o fazer voltar-se sobre si. A fantasia é a formação psíquica mais característica desse destino da pulsão, sendo o investimento feito no objeto sexual substituído por uma identificação do eu com esse objeto. As fantasias originárias e as teorias sexuais infantis são ficções criadas em torno de como cada ser humano repete o drama do paraíso perdido e, portanto, vinculadas à construção da identidade sexual pela via do conflito neurótico-perverso. O destino mais exaltado por suas finalidades sociais e culturais é a sublimação, em que a pulsão seria desviada de sua finalidade primária de obtenção de satisfação sexual e a satisfação passa a ser do eu que ganha um prazer de gratificação narcísica. Que a sublimação seja um destino tanto quanto o conflito, significa que a recusa da condição de desejar se confronta permanentemente com a tendência oposta.

O objeto da pulsão existe antes de uma representação do sujeito, já que a zona erógena no início da vida do bebê ainda não está coordenada à imagem de um eu unificado, sendo, portanto, pulsão parcial. Se, no início, a zona erógena é a base de prazer, quando o olhar do outro adquire importância o objeto não só é capaz de produzir um prazer pulsional, mas também narcísico. A palavra-chave aqui é o amor, que altera essa relação natural entre uma zona erógena e seu objeto, conferindo um valor e uma significação ao olhar daquele de quem se espera um reconhecimento ou a admiração. Para Bleichmar (1985), é assim que o órgão sexual do outro pode vir a ser para o sujeito tanto um objeto parcial quanto de atividade narcísica, e o sexo um instrumento a serviço do narcisismo.

Na verdade, as relações entre as gratificações narcísicas e eróticas se sobrepõem e muitas vezes são interdependentes, mas tendem a ser dois registros diferentes e importantes.

Narcisismo: a relação mãe-criança e o ideal amoroso

No texto *Sobre o narcisismo* (1914), a tendência a restabelecer uma relação originária e a encontrar um objeto erótico infantil recalcado adquire novos sentidos, já que essa relação originária teria a marca da especularidade, da onipotência e da completude.

É nesse texto que Freud teoriza sobre a gênese do amor, mostrando como a força desse objeto original marca a busca de um objeto idealizado que deve ser escolhido como único e insubstituível, contendo a promessa de plenitude e felicidade. Esse ideal funcionaria como uma tentativa de recuperar o narcisismo infantil e marcaria a formação dos ideais. Segundo Lejarraga (2002), embora Freud não discrimine explicitamente um eu narcísico ou ideal que corresponda ao eu real infantil e um ideal do eu que funcione como modelo a ser seguido, essa distinção está implícita e foi amplamente tematizada na psicanálise. O eu ideal seria o eu narcísico infantil, onipotente, pleno, construído imaginariamente a partir do investimento narcísico dos pais sobre *Sua majestade, o bebê*, na sua perfeição. O ideal de eu acenaria com a possibilidade de uma restituição narcísica, apresentando-se como uma imagem alcançável de plenitude e felicidade e apontando para um devir.

A constituição dos ideais está ligada às desilusões sofridas nesse vínculo mãe-criança primordial, tanto diante da constatação de não ser *mais* o objeto exclusivo da mãe, como das renúncias e frustrações enfrentadas para obter o seu reconhecimento. A perfeição narcísica infantil é projetada como ideal do eu, substituindo o narcisismo perdido na infância em que a criança era seu próprio ideal. O ideal do eu é, portanto, uma fantasia projetada para adiante, que pode permanecer inconsciente, ligada à perfeição narcísica perdida e sob a crítica parental. O supereu verifica se a satisfação narcísica está assegurada e confronta o eu com esse ideal.

As escolhas de objeto sexual das crianças seriam derivadas de suas primeiras experiências de satisfação e relacionadas às experiências vitais que servem à finalidade de autopreservação. As pulsões sexuais estariam ligadas inicialmente à satisfação do eu e a partir daí haveria duas possibilidades: ou o bebê escolhe a mãe (ou substituto) como modelo, denominada escolha *anaclítica* ou de *apoio*, ou o próprio eu é tomado como modelo de objeto amoroso, perfazendo uma escolha *narcísica*. Embora as duas escolhas sejam fundadas no narcisismo primário, o modelo amoroso pode ser tomado pelo lado da própria criança (amada) ou da mãe (amante). Freud dirá que a escolha anaclítica seria mais característica dos homens, que supervalorizariam seu objeto sexual, enquanto a narcísica seria mais das mulheres, que amam a si ou aos homens que as amam.

De todo modo, a relação mãe-bebê é a que dará forma a todas as outras, além de ser a responsável pela ânsia de uma relação amorosa total, exclusiva e sempre condenada ao fracasso. O anseio à exclusividade que se origina aqui deflagra uma busca sem fim de atenção e de amor e é a base dos sentimentos de ciúmes, inveja, rivalidade e raiva. A fidelidade é o corolário mais conhecido dessa exigência de exclusividade da infância e sua base estaria na *perda amorosa* originária dessa relação dual, plena e simbiótica.

Infidelidade e ciúmes na busca do ideal de amor

> "O ciúme dói nos cotovelos / Na raiz dos cabelos / Faz os músculos ficarem moles /Dói da flor da pele ao pó do osso / Rói do cóccix até o pescoço / Acende uma luz branca em seu umbigo / Dói pra fora na paisagem / Corre pelas veias na ramagem / Atravessa a voz e a melodia".

("Dor-de-cotovelo", Caetano Veloso)

Não será sem uma parcela de sofrimento, dirá Freud em *Além do princípio do prazer* (1920), que a criança renunciará às suas pulsões sexuais infantis, condenadas que estão por serem incompatíveis com a realidade. A *perda* da exclusividade do amor parental produz feridas narcísicas importantes e o laço afetivo que liga a criança a seu genitor sucumbe ao desapontamento, às expectativas de satisfação e ao ciúme pelo nascimento dos irmãos, prova inequívoca da infidelidade desses primeiros objetos amorosos. Freud está se referindo aqui à viagem edípica que todas as crianças precisariam fazer a fim de se afastarem da experiência idílica e incestuosa com a mãe, espaço mítico e poderoso ao qual todos desejariam voltar.

O Édipo é o grande regulador simbólico que estrutura as relações do sujeito com esse objeto materno a partir da interposição de um terceiro na relação dual. Ao perceber que o objeto privilegiado pode escolher outro, inicia-se o campo da luta pela preferência e pela exclusividade, a postergação, o ódio, a rivalidade, os ciúmes, todos intermediados pela economia narcísica. O roteiro edípico que aqui é confeccionado tende a interferir nas escolhas amorosas e nas negociações impostas por essas relações.

Em *Alguns mecanismos neuróticos no ciúme, na paranóia e no homossexualismo* (1922), Freud tenta mapear os efeitos da entrada de um terceiro na relação da criança com seu objeto privilegiado e faz uma importante articulação dos ciúmes com a fidelidade. Ligado às feridas narcísicas dos primórdios da vida emocional infantil vividas em relação à união dos pais ou à vinda de novos irmãos, o ciúme seria um efeito da infidelidade dos genitores.

Freud (p. 238) se volta para o modelo do casamento burguês e destaca que a fidelidade ali exigida, graças à lembrança mítica e poderosa de completude que se deseja retornar, só se manteria à custa de tentações contínuas e os que negassem essa tentação poderiam projetar seus impulsos no companheiro a quem *deveriam* fidelidade.

> As convenções sociais levam em conta esse estado universal de coisas, concedendo certa amplitude ao anseio de atrair da mulher casada e à sede de conquistas do homem casado, na esperança de que essa inevitável tendência à infidelidade encontrasse assim uma válvula de segurança e se tornasse inócua.

Mas Freud ressalta que, embora a infidelidade se origine do desejo despertado por um novo objeto, esse desejo estaria buscando sua satisfação em certo tipo de fidelidade ao objeto original. Assim como o ciumento, ante a infidelidade (ou da suposição desta) de seu objeto amoroso, ressignificaria seu inevitável e doloroso sofrimento diante do confronto com um terceiro que ameaça disputar a exclusividade que ele exige de seu objeto.

Ainda nesse texto, Freud problematiza a invasão do terceiro, mostrando como os sentimentos de rivalidade e ciúme em relação a este podem se articular com os mecanismos de projeção da paranoia e as identificações homossexuais. Se o ciúme competitivo resulta de uma combinação entre o pesar pela perda do objeto amado e a reativação da ferida narcísica, ainda que possa ser um inferno, deflagrando desejos de vinganças contra o rival bem-sucedido ou doses de autoacusação, não se compara ao ciúme projetado e de natureza delirante, que atribui ao parceiro erótico a própria infidelidade, ou os próprios impulsos reprimidos. Já o ciúme delirante e paranoico teria também sua origem nos impulsos reprimidos de infidelidade, mas o objeto desses impulsos é alguém do mesmo sexo que, além de se tornar alvo necessário de prejuízos e de todos os sentimentos de rivalidade e hostilidade, ocuparia permanentemente o lugar de um rival que provoque ciúmes, tornando-se necessário tê-lo próximo para manter o valor e a paixão à(ao) parceira(o) eleita(o). Essa poderia ser tanto uma maneira de manter a dúvida sobre a reputação e a fidelidade da(o) parceira(o), que assim justificaria a presença do terceiro, como um destino ao ódio e ao amor dirigido ao terceiro, um dos caminhos do desejo homossexual ou de suas fantasias.

Lacan (1946) se utiliza das contribuições freudianas acerca das fixações amorosas existentes no complexo fraterno para interpretar a hostilidade primitiva entre irmãos como base de uma inversão anormal, que transformaria hostilidade em desejo; desejo este de ser como o outro que está no lugar do ideal do eu, abrindo também a possibilidade de superação da rivalidade em favor da relação fraterna de trocas com um semelhante. Por outro lado, uma das dimensões do ciúme é a que impõe ao sujeito fantasiar o que acontece entre sua(seu) parceira(o) e um outro, aquilo que ele mesmo não se autoriza a viver.

Nos textos sobre as *Contribuições à Psicologia do Amor*, Freud mostra que a infidelidade seria um destino praticamente inevitável, e a maneira como cada sujeito irá lidar com seus impulsos de trair ou com a traição de seu parceiro estaria ligada aos fatores que remetem aos conflitos, sofrimentos e feridas narcísicas vivenciadas na relação e na separação do seu primeiro objeto de amor, e as vicissitudes enfrentadas diante dos ciúmes em relação ao(s) terceiro(s) que invade(m) essa relação excludente que se atribui ao objeto privilegiado. Esse seria o terreno ardiloso do Édipo, em que o ciúme, a rivalidade e a demanda de exclusividade fazem parte dos investimentos eróticos e agressivos da criança dirigidos às figuras parentais.

Cabe ainda destacar as diferenças apontadas no texto freudiano sobre as razões que levariam cada um dos sexos a ser infiel. A figura da mulher que se alimenta do desejo que provoca nos homens ou do homem que precisa confirmar sua virilidade em constante ameaça são paradigmáticas dos fantasmas edípicos de cada um dos sexos.

A dor do amor

" O que é que eu posso contra o encanto / Desse amor que eu nego tanto, evito tanto / E que, no entanto, volta sempre a enfeitiçar / Com seus mesmos tristes velhos fatos / Que num álbum de retratos, eu teimo em colecionar".

("Retrato em branco e preto", Chico Buarque de Hollanda)

Em *O mal-estar na civilização* (1930), Freud faz uma importante ponte entre a cultura e a subjetividade, ao enfatizar o sofrimento psíquico diante da impossibilidade do amor sexual conseguir uma completa satisfação quando o prazer está ligado à escolha de um objeto amoroso, deixando as pessoas expostas a dores extremas ao serem rejeitadas, traídas ou abandonadas. O objeto amado é eleito em geral conservando no horizonte certos ideais infantis que exigem que ele seja único, insubstituível e invariável, fatores que contribuiriam para que a cultura legitimasse a exigência de exclusividade (fidelidade), a monogamia e as restrições impostas pela civilização no sentido de se formar um único e indissolúvel vínculo e de se evitar a sexualidade como fonte de prazer por si só.

Ao indicar as três principais fontes de sofrimento às quais estaríamos sujeitos, ele afirma serem as relações amorosas a mais dura de todas. Quando amamos, ficamos desprotegidos contra o sofrimento, mais à mercê do outro e vulneráveis aos infortúnios e às dificuldades da vida. A ruptura de um laço amoroso é sempre muito dolorosa. Nada parece mais gratificante do que a ilusão de possuir a fonte do amor incondicional, assim como nada parece mais terrível do que perdê-la.

O tom cético do texto é consequência da descoberta freudiana de uma dinâmica psíquica dominada por uma força de afetividade ambivalente e conflitiva. Ao movimento de expansão de Eros, inevitável para a sobrevivência humana, corresponderia uma expansão da agressividade, e essa ambivalência afetiva alimentaria a culpa, responsável pelo mal-estar cultural.

Diante de uma subjetividade marcada pelo narcisismo e pela pulsão de morte, que deseja evitar sofrimento a todo custo e perseguir o máximo de prazer possível, sem pagar o ônus que a civilização impõe, Freud se apresenta muito mais descrente do ideal amoroso e sexual de felicidade humana. Às voltas com as exigências da sexualidade e com o imponderável da destrutividade humana, constata que a civilização não cessa nunca (nem poderia) de exigir uma parcela de renúncia pulsional do sujeito que, diante da ameaça da perda de amor ou da possibilidade de morte, concede-lhe. Longe da solução universal pretendida pelo Iluminismo, a felicidade se apresenta como um desafio para a economia libidinal individual.

Dunker (2002) mostra como o tema da renúncia ou sacrifício é recorrente nas narrativas modernas, sendo o sintoma neurótico uma tentativa de antecipar a restituição prometida pela cultura ou transgredir a regra do sacrifício ao realizar simbolicamente uma satisfação passada e/ou futura. Essa promessa mostra-se presente na contemporaneidade por meio do discurso hegemônico da biotecnociência que corrobora, em nível cultural, com a expectativa de restituições concretas e permanentes. No amor romântico, o sacrifício imposto aparece na forma de tensão entre a promessa e a decepção, já que a forte idealização em torno da completude oferecida pelo amor geraria uma decepção inversamente proporcional. A longevidade desse par de promessa e decepção no imaginário cultural mostra, no entanto, que o *sacrifício* revestiu de legitimidade o amor, o que explicaria em parte o valor de felicidade que ele ainda contém. Mais que isso, ao incluir o valor do seu custo, implícito desde o início pelos tributos e renúncias demandados e pelas dores causadas, o ideal de amor ganha simbolicamente um estatuto de *verdade*. A fidelidade exigida entre os pares seria um desses sacrifícios ou renúncias compartilhados pela coletividade que, por serem provas de amor, ajudam a legitimar seu valor de verdade. O repertório cultural (filmes, músicas, romances) gerado em torno do lugar especial ocupado pelo amor alimentaria essa imagem, e mesmo que as condições contemporâneas de sua manutenção o contradigam, o amor romântico consegue manter esse valor de verdade às relações entre os pares. Parece haver uma espécie de comunhão inquestionável em torno do valor do amor nas sociedades ocidentais, e na base dessa idealização persiste a crença em sua promessa de plenitude e exclusividade, restituições perseguidas pelo ideal de eu. O amor de *verdade* persistiria também, por estar atado à antecipação amorosa a que toda criança teria direito nas famílias modernas do Ocidente. Nesse sentido, a psicanálise, ao enfatizar o papel amoroso dos cuidados infantis, teria ajudado a elevar o valor da subjetividade amorosa a um patamar idealizado e, por decorrência, o *desvio* atribuído à falta desta, tão comum no discurso da cultura. Sabemos quanto a superestimação do valor de ser amado prevê uma retomada imaginária, a cada relação amorosa, de um lugar perdido de plenitude, embora também de uma impossibilidade de satisfazer de maneira absoluta a ele.

Ainda no texto *O mal-estar na civilização* (1930, p. 88), a descrença de Freud quanto às garantias de felicidade da história humana estende-se diante do destino incerto da luta de gigantes entre Eros e Tânatos e, embora a reunião dos homens em sociedade seja uma condição de sobrevivência para a espécie, ela contrariaria os interesses individuais ao exigir a imposição de limites e a renúncia às suas inclinações pulsionais, com destaque para as pulsões agressivas.

> O próximo não é somente um possível auxiliar e objeto sexual, mas uma tentação para nele se satisfazer a agressividade, explorar sua força de trabalho sem ressarci-lo, usá-lo sexualmente sem seu consentimento, despossuí-lo de seu patrimônio, humilhá-lo, infligir dores, martirizá-lo e assassiná-lo.

Freud está às voltas com o *além do prazer*, com a barreira para o prazer que estaria na condição de excesso da pulsão de morte e que passa a exigir satisfação. Lacan irá denominá-lo gozo, designando a satisfação pulsional e seu paradoxo de prazer no desprazer (Quinet, 2001). Diante da complexidade e da importância do prazer no seu caráter de excesso, Lacan amplia esse conceito ao destacar seu protótipo, ou seja, o gozo da mãe quando esta dispõe e erotiza o corpo de seu filho. Essa dimensão de *gozo absoluto* funcionaria como uma lembrança mítica e originária, fruto da erotização materna e base dos anseios de poder e assujeitamento das relações de domínio entre os sujeitos.

Nesse registro, Piera Aulagnier (1985) mostra o que poderia ser o *além do amor*, ao denominar de assimétrica a relação mãe-filho, na qual o bebê, na maioria das vezes um objeto privilegiado do investimento materno, não é exclusivo, enquanto que para o bebê o investimento da mãe é uma condição vital. Além de não poder escolher a mãe, também não pode diversificar seus investimentos para outros objetos, o que torna essa mãe insubstituível e necessária. Sendo uma relação passional, esse primeiro amor guardaria essa referência de um *excesso de amor* que, ao ser revivido em futuras relações amorosas, concentraria esse misto de prazer e gozo, de êxtase e sofrimento, de *verdade*. Essa supervalorização do amor é responsável pela mitificação dessa fusão inicial como protótipo de completude e satisfação absoluta.

Pereira (1999) ressalta o desamparo e a impotência do bebê diante desse desejo absoluto da mãe, sendo a angústia vivida aqui um sinal de ameaça de despossessão subjetiva radical. Essa desproteção diante do desejo materno marca uma condição de desamparo e assujeitamento que será constituinte da inserção do sujeito na linguagem e na cultura. Sendo este um lugar intensamente desejado, dependendo das circunstâncias a criança pode submeter-se passivamente à sedução materna, dispondo-se a ocupar o lugar de necessário à mãe, o que obstruiria seu acesso à cultura.

A importância da relação originária com a mãe pode ser medida pela unanimidade com que teóricos pós-freudianos dedicaram a ela suas pesquisas sobre a constituição da subjetividade, ainda que salientassem aspectos diversos em suas conclusões. Embora seja um polo definidor das mais devastadoras patologias, ela seria um marco tanto para a possibilidade de construção de uma sustentação psíquica que possibilite a tensão entre Eros e Tânatos, quanto das firulas e nuances que incidirão nas relações do sujeito com os outros e com o mundo. Kehl (2004) chama a atenção para seu lugar de matriz do ressentimento, inaugurada a partir da descoberta da criança do que ela *poderia ter sido*, ao atribuir um gozo ao irmão mamando, por exemplo, ou pelo simples fato de ter acesso a esse saber, condição que lhe impossibilitará retornar a ele. A fantasia de completude amorosa será uma tentativa de resgatar esse gozo pelo viés do amor. Lejarraga lembra que, para Freud, os objetos amorosos serão sempre tributários dessa relação original e se oferecem como uma tentativa de driblar a castração. O outro amado funciona como um regulador narcísico importante, além de ser um anseio compartilhado e aceito pela cultura.

Algumas considerações sobre o desejo, o amor e sua relação com o ideal de amor romântico

A sexualidade humana em suas articulações com o amor não segue um caminho natural e pré-determinado. O fato de as pulsões serem parciais e autoeróticas faz com que a relação sexual ou o coito sejam marcados por roteiros singulares de preferências eróticas e não por uma pulsão total e única que seria responsável por uma impulsão ou atração de um sexo até o outro, enfocando a totalidade do corpo de um ou outro. Além disso, a pulsão não precisa da subjetividade de uma pessoa para se satisfazer, embora se utilize desse outro como objeto.

Essa contingência do objeto e o fato de ele ser intercambiável são, em geral, o que alimenta o imaginário cultural de cada época quanto aos constrangimentos, desconfortos e restrições em torno do desejo sexual humano, e suas implicações e maneiras de buscar satisfação. Foi Freud quem apontou a característica de perversão da sexualidade e constatou que os jogos sexuais infantis ou os fantasmas que os acompanham não só influem na sexualidade adulta como estão presentes na forma de preliminares do ato sexual. Por outro lado, Freud também mostrou que a maioria das pessoas não se torna perversa, já que os traços perversos da sexualidade são elaborados durante o crescimento tomando uma via de *normalização* pelo processo edípico. Na verdade, o Édipo resume o cenário fantasmagórico em que o sujeito tenta estruturar seu terreno amoroso na difícil tarefa de se libertar do anseio de posse exclusiva de seu objeto original em direção aos objetos da cultura. É nessa relação em espelho com o primeiro, único, insubstituível e completo outro, a mãe, que Freud vai apontar a origem do amor e da fidelidade.

O amor que hoje conhecemos, datado e ocidental, foi cunhado com o adjetivo romântico por guardar a expectativa de uma relação duradoura e exclusiva entre um homem e uma mulher, típica da Modernidade, que na maioria das vezes deu origem a filhos que receberam um lugar no interior dessa relação, formando a família nuclear. Foi no seio dessa família que Freud estudou o complexo de Édipo, que em cem anos contribuiu para revisar as definições de mãe, filho, homem e mulher. Falar de amor aponta para essa relação primária mãe-filho, tal como ela aparece no século XIX e evolui até os dias de hoje.

Por ser uma relação total e exclusiva, está condenada à morte, deixando como herança o anseio, a busca, o desejo. É unidade e não relação e, ao invés de laço, uma plenitude, um fechar-se sobre si mesmo, que transforma os que estão em volta em estranhos e excluídos. É no seio dessa unidade que nasce a exigência de exclusividade, onde todo terceiro é vivido como ameaça (Verhaeghe, 2001). Vimos como Freud e depois Lacan salientaram a importância das fantasias construídas em torno das dores infantis e dos caminhos escolhidos para enfrentar esses semelhantes e rivais, os irmãos. Aqui se inicia uma luta sem fim para se obter a exclusividade do amor e da atenção da mãe, base do ciúme, da inveja e da raiva e do sentimento jamais abandonado de querer ser tudo para o outro. A exigência de fidelidade no adulto nasce aqui e pode ser vivida como ameaça insuportável igual à que foi sentida quando a atenção dos pais se dirigia a outro. Também a monogamia buscada para as relações amorosas seria um efeito produzido pelo laço originário mãe-filho.

Além de estar condenada a desaparecer e deixar como herança um sentimento fundamental de falta e um desejo para sempre insatisfeito, já que o que se deseja é essa união perdida e perfeita, tal relação também é responsável pelo sentimento de onipotência. Ao ter que abrir mão desse poder absoluto, inaugura-se um movimento de dar, receber, pedir ou rejeitar algo que se dirige a um outro que se supõe poder suprir o sentimento de falta original. Mas, na verdade, é esse outro quem pede à criança que coma, faça xixi ou cocô em tal lugar e de tal maneira, durma, fale e escute no devido tempo etc. É assim que as pulsões parciais entram em jogo, ocupando um lugar entre a criança e aquela que a interpela. A criança sente que precisa responder aos novos apelos parentais a fim de que possa obter novamente seu lugar privilegiado e exclusivo. Ao responder a essa demanda, a criança faz escolhas, colocando-se de forma passiva ou ativa, submetendo-se ou dominando, e é esse jogo do dar-receber-rejeitar que aparece de forma ampliada nas relações amorosas, ao mesmo tempo responsável pelas marcas singulares que cada um imprime no encontro com o outro. O amor incondicional dá lugar às infinitas condições a que cada um deverá se submeter ou evitar, criando o jogo amoroso singular da subjetividade. A exigência de fidelidade e as infidelidades são parte integrante desse jogo.

É desde aqui que a dimensão do ideal se constitui, fixando qualidades e condutas para a criança que prometem um reconhecimento de sua perfeição. Chasseguet-Smirgel (1992, p. 12) mostra como o ideal de eu é o substituto dessa perfeição narcísica primária, substituto este que vive separado do eu, mas cuja separação se aspira abolir. É assim que ela define a condição humana na busca sem repouso da perfeição perdida, base das realizações mais sublimes e dos erros mais nefastos.

Em *Além do princípio do prazer*, Freud (1920) mostra que um dos importantes coadjuvantes do complexo de Édipo é a desilusão ou o complexo de desilusões sucessivas que a criança enfrenta em relação à imagem idealizada dos pais. A renúncia ao objeto de amor edipiano teria uma ligação importante com o reconhecimento de sua insuficiência para conquistar a exclusividade desejada. Essa renúncia não é simples, tranquila nem total e, segundo Chasseguet-Smirgel, teria um valor relativo em relação à ferida narcísica infligida pelo fracasso edipiano, cuja força poderia tanto dissolver o ideal de eu quanto aumentar a distância entre o eu e o ideal se tal ferida permanecesse aberta. Para evitar esses dois extremos, seria necessário não só que o *supereu* protegesse o narcisismo da criança, atribuindo seu fracasso à proibição do incesto, como a existência de atividades sublimatórias, próprias do período pós-edípico, responsáveis por um acréscimo de projetos ao ideal do eu. Além disso, é de suma importância que se inicie uma busca da fusão amorosa perdida com outros objetos que não mais o edipiano.

A autora mostra como o estado amoroso ainda é um dos principais destinos pós-edipianos do ideal de eu, sempre ligado à esperança de reencontrar a completude primária perdida. A importância da ferida narcísica provocada pela perda amorosa acentua o suposto gozo de uma fusão com a mãe. Torna-se difícil a renúncia e, portanto necessário que se acene com a promessa de uma restituição por meio do eu ideal.

Ao anunciar as resistências em sair dessa unidade, evidencia-se a importância dos investimentos externos sobre o psiquismo para essa transição. O sentimento de onipotência da criança tem uma particular relevância para a necessária ilusão de suficiência promovida pelos cuidados amorosos da mãe. Seria essa ilusão narcísica que possibilitaria não só ao pequeno sujeito se alimentar de uma imagem integrada e perfeita, como se definir, identificar-se e reconhecer-se. É isso que lhe confere um eu ideal, uma imagem perfeita de si mesmo, que passará a ser cultivada e defendida como uma necessidade de satisfação narcísica. A relação de amor consigo mesmo proporciona as condições para que ele se transforme em objeto de amor de um outro.

Pode-se dizer que o eu ideal é o responsável por essa referência importante no psiquismo, ao mesmo tempo modelo e ilusão ao qual o eu sempre buscará retornar. Se essa posição onde se aloca a ilusão de ter sido amado sem restrições é a base do mito do *amor romântico*, a renúncia a esse amor incondicional e a passagem à admissão jamais completa de não ser o único está atrelada à necessidade do investimento da mãe sobre o eu, tanto pulsional (corpo erógeno) quanto narcísico.

Porém, o desenvolvimento pulsional do corpo erógeno toma vias diferentes (embora superpostas) ao desenvolvimento do eu, agente e produto das atividades do narcisismo. No interior da estruturação narcísica e edipiana, o eu precisa ser capaz de encaminhar as pulsões para a construção das fantasias em torno das relações amorosas. Se isso não acontece, as pulsões podem ser ameaças para o eu. É Bleichmar (1985) quem destaca que a exigência do eu de ser amado passa a ser uma necessidade de satisfação narcísica imperativa e o objeto da pulsão passa a ser um objeto da atividade narcísica, causando satisfação ao eu. A satisfação pulsional é intermediada pelo eu e ligada à imagem integrada de um corpo.

É a partir da constituição de uma unidade do eu, de uma imagem de si mesmo e da renúncia libidinal ao objeto que se pode falar em relação ou escolha de objetos. Se o eu não for investido o suficiente ou se o for excessivamente, poderá se manter num campo próximo a esse momento fundante, em que qualquer amor se confunde com o amor a si mesmo. O Édipo dará a medida e as possibilidades de saída do abalo dessa imagem narcísica e da ilusão em torno dela e, por isso, ocupa um lugar decisivo no destino da vida amorosa de homens e mulheres. Os adultos cuidadores deverão exercer uma dupla função de proibição e propiciação para que a criança possa obter o reconhecimento da própria imperfeição e estabelecer um ideal a ser alcançado. Funções estas que deverão ser internalizadas e serão exercidas pelo *supereu*.

Em Freud, o terceiro que irá ajudar a separação da união mãe-criança é o pai, portador do falo. Embora para Freud o falo esteja bastante associado ao pênis masculino, ele lhe atribui um valor de poder, no sentido de significar algo que é desejado e aquilo que se quer ter para também ser desejado. Com esse sentido, o falo nem está dado nem pertence ao pai, podendo, inclusive, circular entre a mãe e o pai. Mas o falo como pênis (homens têm, mulheres não) também funcionaria para Freud como o disparador de teorias sexuais infantis sobre as diferenças entre os gêneros, e nesse sentido participaria do destino masculino ou feminino tanto das identificações quanto das escolhas amorosas e seus respectivos fantasmas. Considerando a importância dada pela psicanálise à diferença sexual e às teorias sexuais infantis que se ocupam em explicar tal diferença, ou melhor, as construções fictícias que tentam explicar uma vivência que ainda não conseguiria ser nomeada, a polêmica relação entre falo e pênis para Freud passa para uma outra dimensão na teoria lacaniana, em que o falo é a marca da falta e da diferença, em particular, da diferença sexual. Como marca da falta, seria indicador do fato de que ninguém é completo. Como marca da diferença, seria o lugar do reconhecimento da diferença, condição para a lógica e para a linguagem, para o falar e o pensar. O falo como objeto imaginário estaria ligado à concepção imaginária da falta de pênis na menina e ao medo de perdê-lo no menino. A atribuição desse falo ao pai e, consequentemente, à mãe, que na fantasia da criança o possui, faria com que a criança buscasse compensações, fantasiando ser ela mesma esse objeto especial e desejado que satisfaz a mãe.

O menino se imagina tendo um falo igual ao pai, forte e grande, mas convivendo com a eterna dúvida de isso não se concretizar diante do fato de a mãe não o ter. Isso marcaria a tendência nos homens de uma eterna busca de reconhecimento de seu valor viril, assim como um maior submetimento ao supereu com um sentimento de culpa em relação à angustia do constante entrave com um pai poderoso a quem se teme e se quer superar.

A menina precisa trocar seu primeiro amor pela mãe, identificando-se com ela, e voltar-se para o pai, esperando que ele a ame como ama sua mãe. Diante da decepção por imaginar não possuir o falo, a conquista da posição feminina depende da sua possibilidade em sair de uma queixa infantil (e muitas vezes ressentida) dirigida à mãe (e depois ao pai) por essa ausência.

Entretanto, homens e mulheres têm em comum os dois momentos amorosos: um primeiro, pleno, que fracassa, mas que marca para sempre a referência a um gozo absoluto, e outro menos satisfatório, que tenta reeditar o primeiro e é caracterizado pelo desejo. Para buscarem esse segundo, homens e mulheres tentarão evitar o fracasso e as dores narcísicas do primeiro e construir como puderem seu mito amoroso.

A escolha amorosa

Se o amor tem seu significado idealizado e mítico na busca que se deflagra com a perda imaginária da fusão mãe-bebê, as escolhas amorosas são o centro nervoso da relação entre o eu e seus objetos. Em *Os instintos e suas vicissitudes*, Freud (1915) tenta costurar a relação das pulsões com o objeto amoroso original e com o eu indiferenciado e diferenciado. Ao apontar as três polaridades importantes para o funcionamento psíquico (eu-objeto, prazer-desprazer e atividade-passividade), mapeia as três formas de amar: amor-indiferença (oralidade) ou o tempo do amor incondicional outorgado a *Sua majestade, o bebê*; amar-ser amado (anal); e amor-ódio. Dependendo de como elas se articulam e se fixam às três polaridades, constroem-se roteiros privilegiados ou diversificados para cada sujeito.

Como vimos, no texto *Sobre o narcisismo,* Freud (1914) distingue dois tipos de escolha de objetos possíveis, a narcísica e a anaclítica, segundo o modelo de satisfação do eu. A escolha narcísica teria como modelo o próprio eu, ou melhor, a imagem idealizada desse eu, e o que se busca é amar o que se foi e se perdeu ou o que se queria ter sido. Na anaclítica (ou de apoio), os objetos são escolhidos tendo como modelo a mãe que cuida e o pai que protege. Para Kristeva (1988), sendo anaclítica ou narcísica, a escolha amorosa precisa que o objeto garanta uma relação com o narcisismo do sujeito segundo duas modalidades: por uma gratificação narcísica pessoal (narciso é o sujeito) ou por delegação narcísica (narciso é o outro). Para ela, embora

Freud tenha tentado teorizar a escolha *verdadeira* no tipo anaclítico, todas as escolhas amorosas teriam um destino narcísico, já que o ideal de eu que proporciona a transferência das demandas e desejos para o objeto escolhido é sempre uma retomada do narcisismo. Na verdade, as duas modalidades dizem respeito ao investimento do eu sobre si mesmo ou do outro sobre o eu. Lacan fez uma distinção importante, mostrando-as como diferentes posições do eu na relação amorosa, ora como o *amado*, ocupando o lugar de objeto investido pelo outro, ora como o *amante*, aquele que investe o objeto (Nasio, 1997).

A possibilidade da passagem de um modelo de relação exclusiva com o objeto privilegiado do narcisismo para outro em que seja possível aceitar que esse objeto deseje um terceiro anuncia a diferença de modelos amorosos, segundo Bleichmar (1985). Essa passagem não está garantida *a priori* e depende principalmente de que o amor do objeto privilegiado para o terceiro não exclua nem entre em contradição com o amor para com o sujeito. Na relação amorosa dual, sempre imaginária, não há possibilidade de se pensar ou desejar algo que não seja voltado para o outro; as divergências são ameaçadoras, a exigência de exclusividade é exorbitante e o ciúme uma atitude básica. O par é formado tanto na convicção de que o outro pode sanar a falta, como na convicção de que ele mesmo tem aquilo que falta ao outro. Ter ou ser o que falta ao outro e vice-versa pode ser a base dessas relações.

Já na relação na qual é possível incluir a falta entre um e outro, pode-se aceitar ser desejado mesmo que não se seja o único. Haveria a possibilidade de dar ao outro o que não se tem ou receber o que não se pediu (Verhaeghe, 2001). Entretanto, mesmo que se estabeleça uma relação nesses moldes, isso não garante que não se sucumba ao modelo anterior, caso a dinâmica intersubjetiva imponha uma regressão por alguma contingência importante no seu roteiro.

Em *Os destinos do prazer*, Aulagnier (1985) diferencia esses dois modelos pelo lugar que o prazer ocupa na organização libidinal do sujeito, ou seja, se o prazer provém da necessidade ou do desejo. O modelo amoroso que elege o objeto como fonte exclusiva de prazer caracterizaria a paixão, e seu protótipo seria a relação mãe-filho. São relações assimétricas, em que o prazer é necessário e o outro é deslocado para o registro da necessidade tal e qual a relação do toxicômano com sua droga ou do jogador com seu jogo. Por ser necessário, o objeto perde sua dimensão contingente e torna-se imperativo. Na paixão, o prazer é imprescindível à vida do eu, o que torna o objeto necessário e vital para sua sobrevivência, aproximando-se de uma relação aditiva e alienada. O eu se imagina capaz de oferecer todo o prazer ao objeto sem jamais ser fonte de sofrimento, o que cria uma dependência passional.

A relação simétrica ou de *amor* implica e exige que o sujeito tenha podido diversificar e preservar um certo número de destinatários de suas demandas de prazer, ainda que não seja sexual. Quando se ama, um faz do outro o depositário privilegiado e não exclusivo de suas demandas de prazer. Para isso, é necessário atribuir a cada componente do par amoroso um mesmo poder de prazer e de sofrimento, o que limita a dependência de um e outro e possibilita certa autonomia dos investimentos narcísicos que cada sujeito precisa preservar. Nesse caso, o que está em jogo em relação ao outro é uma esperança de satisfação.

O conflito de toda relação amorosa estaria no potencial atribuído ao poder de prazer e ao poder de sofrimento de cada um, e as oscilações entre os momentos em que o outro é fonte de prazer sexual e narcísico e aqueles em que é fonte de sofrimento. É esse pêndulo, que não está ajustado *a priori*, que pode determinar o grau de alienação e submetimento de um em relação ao outro. Por outro lado, as relações amorosas demandam um *quantum* de *realidade* do investimento de um e outro, para que se mantenha a reciprocidade. Isso funciona como *prova de amor* e é regularmente exigido, ora por um ora por outro, como garantia de reconhecimento ou de retorno de seu investimento, podendo ser da ordem do ato, do gesto, do fazer. A fidelidade pode ser uma dessas provas exigidas.

Mesmo que a aspiração a uma volta à plenitude absoluta seja recorrente em todas as relações amorosas, tal anseio estaria destinado ao fracasso. Entretanto, Freud mostra como a tentativa de restaurar esse estado de gozo habita as fantasias e os sonhos do sujeito. É na fantasia e nos sonhos que podemos nos entregar ao imediatismo das satisfações dos desejos. Pode-se dizer que a materialização moderna desse processo seria o cinema, que possibilita aos sujeitos se comover ou se indignar por uma diversidade de histórias, fazendo com que as experiências humanas banais, que se constituem de misérias ou grandezas, alegrias e tristezas, sonhos ou pesadelos, possam ser compartilhadas por alguns instantes.

É esse o sentido da análise do filme que se segue, cujo intuito será refletir sobre as vicissitudes das histórias amorosas de seus personagens.

4.

"Perto Demais" ninguem é fiel

> "Larga a minha mão, solta as unhas do meu coração /
> Que ele está apressado / E desanda a bater desvairado /
> Quando entra o verão".
>
> ("De todas as maneiras", Chico Buarque de Hollanda)

Ao tentar analisar os modos pelos quais os casais se constituem, mantêm-se ou se separam, Heilborn (2004) esbarrou nas singularidades da subjetividade. Se é possível haver uma distância entre a intimidade e a privacidade nas amizades, quem sabe responsável pela maior longevidade do vínculo, as uniões conjugais têm, em sua origem, razões subjetivas ligadas ao desejo de formar o casal completo, que anule a diferença e signifique a completude perdida. Em *O par e o ímpar na conjugalidade*, Costa (1994) mostra como na constituição desse par é evocado, em geral, o lugar de filho que cada um teve na constituição familiar, identidade esta que pode deslizar facilmente para um viés sintomático e de repetição. A maneira como cada parceiro evoca seu par pode determinar os lugares que ocupam no laço conjugal ou a maneira como farão as trocas sexuais, econômicas etc. Cada sujeito constrói, preserva ou desfaz seu laço por caminhos os mais variados. A infidelidade pode ser um desses caminhos.

De um ponto de vista cultural, embora o valor moral da fidelidade sexual entre os pares pareça ter mudado em relação a outras épocas históricas, o tema das traições entre casais é recorrente e insistentemente encenado através dos repertórios culturais, como músicas, novelas, romances literários e filmes, o que demonstra que nas receitas de pares amorosos a fidelidade esperada ou exigida é um ingrediente de peso. Fantasma poderoso que ameaça a sempre instável imagem de um eu que precisa insistentemente ser refletida no olhar de reconhecimento do outro, ela também acusa a difícil convivência do par amor e sexo. Sempre ameaçada pelo prazer da fruição sexual, é chamada a se explicar na ética amorosa, na exigência de lealdade a um contrato em geral ilusório que pretende a exclusividade, o amor incondicional.

Ilusão da qual gostamos de compartilhar, nas histórias de amor e sexo encenadas com os mais diversos obstáculos, percalços infinitos, desde que no final possamos reiterar nossa crença na possibilidade do amor romântico, verdadeiro, aquele que ainda nos promete conhecer, em algum momento, esse êxtase infinito da paixão que imaginamos ter tido ou perdido um dia.

O filme que escolhemos encena essa lógica e apresenta encontros amorosos atravessados pelo *real* de seus impasses, ao retratar na atualidade o exercício das relações amorosas entre os sexos convivendo com o ideal de igualdade e liberdade. A esperada fidelidade sexual entre os pares fracassa repetidamente.

Por apresentar a formação, a dissolução e a troca de pares entre quatro personagens (dois homens e duas mulheres), o filme oferece a oportunidade de um debate sobre a expectativa de fidelidade, a reincidência das infidelidades para cada par e as diferentes formas com que cada um dos personagens se posiciona em relação às infidelidades próprias ou às de seus parceiros. Interessa-nos avaliar até que ponto o filme desmonta a aspiração dessa exclusividade ao revelar a fragilidade das uniões diante das *tentações contínuas de infidelidade* ou, ainda, se a fidelidade e a infidelidade podem funcionar como condição de escolha amorosa ou de desejo, assumindo um lugar privilegiado nas fantasias sexuais que condicionam a vida erótica de homens e mulheres.

Closer (2004) ou *Perto Demais* (como foi traduzido no Brasil), é baseado numa peça homônima de Patrick Marber, encenada com sucesso por longa temporada em Londres. Considerado um filme ousado, que pretende refletir sobre a vida amorosa do sujeito contemporâneo e seus impasses, tal ousadia é a marca de seu diretor, Mike Nichols, cujo currículo inclui os diálogos cáusticos do casal intelectual da década de 1960, que vive em suas entranhas o desabamento do modelo do casamento burguês no encontro com as aspirações de liberdade sexual e de igualdade entre os sexos, e expõem sua impotência psíquica pelas vias da hostilidade cínica e destrutiva. Estamos falando do premiado filme de 1966, *Quem tem medo de Virginia Woolf*, adaptação da famosa peça de Edward Albee. O mesmo diretor, um ano mais tarde, seria responsável pelo filme *A primeira noite de um homem*, que ainda hoje guarda sua inédita incursão pelos meandros da iniciação sexual de meninos às voltas com as figuras míticas e fascinantes de mulheres maduras e sedutoras que encarnam a fantasia do sexo ininterrupto.

Em *Closer*, o diretor soube registrar de forma magistral as cenas insólitas (porque humanas) das relações amorosas atuais atravessadas pelas contingências do sexo e pela busca de amor de seus personagens. A palavra *Closer* em inglês se presta aos dois sentidos que o filme lhe imprime. Mais próximo e íntimo também é o trabalho da lente da fotógrafa, uma de suas personagens, que parece querer captar para além do olhar e das expressões o desamparo e a impotência dos sujeitos de nossos tempos. Mas assim como seus filmes anteriores, a lente de Nichols não esconde o lado mais sombrio das relações humanas, aquele que deixa entrever as disputas, as rivalidades, o ódio, o desprezo, a vingança, o ressentimento, as dores.

O filme começa com um tema recorrente nas histórias românticas: ao som do refrão em que é cantado o ato repetitivo das paixões, destinadas a ter seu início através do *olhar* desejante, os olhares de um homem solitário cruzam-se com os de uma menina de ares inocentes: dois estranhos que se misturam na movimentada rua londrina. A paixão à primeira vista atropela literalmente Alice Ayres (Natalie Portman), uma *stripper* novaiorquina recém-chegada a Londres, e o jornalista de obituários Daniel ou Dan Wolf (Jude Law), que a olhava, corre para socorrê la. Na cena seguinte, a menina de cabelos cor-de-rosa acorda no saguão de um hospital para onde Dan a levara. Um ano depois, Dan, ao ser fotografado pela bela Anna Cameron (Julia Roberts) para a capa do livro em que relata a história de sua Alice, é fisgado por sua lente. Anna lhe conta ter passado a noite lendo o exemplar de seu livro enviado pelo editor. Ele quer saber se ela o achou obsceno. Anna diz que o achou justo. No clima de sedução, a troca de olhares e alguns beijos selam a atração que se instala entre os dois. Anna se refaz, acusa-o de ser comprometido e infiel, ao saber ser Alice, a protagonista do livro, sua companheira. Alice entra na cena, percebe o clima e chora. Anna a fotografa e se desculpa.

Como alerta o título, o propósito do filme é colocar uma lente de aumento nos encontros amorosos e suas vicissitudes. Alice e Dan estão juntos após o encontro relatado na primeira cena, e Dan, um jornalista que até então escrevia na sessão de obituários, pôde lançar um livro narrando a história com sua amada. O encontro com a fotógrafa desvia o rumo de seu interesse por Alice. A partir daí, ele irá tentar conquistar as atenções de Anna.

Na próxima cena, Dan se diverte no *chat* erótico *London Sex Anon*, e ao perceber estar dialogando com um homem resolve se passar por *Anna*, mulher ousada e sensual, de seios épicos e boca grande que, após simular um orgasmo utilizando-se de uma gramática erótica e nada sutil (bem ao gosto masculino), convida o dermatologista Larry (Clive Owen) para um encontro no aquário de Londres, local que a verdadeira Anna contara frequentar com assiduidade para fotografar seus *estranhos*. O *aquário* também tinha sido a sugestão dada por Anna e acatada por Dan para o título de seu livro. É no aquário que Larry conhece Anna, e após um assédio constrangedor descobre ter sido vítima de uma armação de Dan para Anna. Inicia-se ali um relacionamento amoroso entre os dois, construído com o fantasma do terceiro, Dan, a rondar e a promover o desejo. Amor-ódio e rivalidade permeiam as relações entre os dois homens que disputam essa mulher *fatal*.

O filme consegue fornecer, a um só tempo, vários elementos necessários a uma análise sociocultural dos laços conjugais na contemporaneidade, revelando uma estética comum às camadas médias, que parece fazer parte, graças aos efeitos da globalização, da maioria das grandes metrópoles de nosso mundo ocidental, como também permite ser um laboratório das particularidades das subjetividades que se manifestam nas trocas amorosas atuais.

O cenário da cidade londrina, onde o filme se passa, é inicialmente captado no que ele tem em comum com todas as outras grandes cidades ocidentais, para depois marcar suas singularidades como, por exemplo, no acidente de Alice provocado pela direção contrária do trânsito. Os personagens são apresentados sem um peso demasiado em suas ligações de origem, sem evidenciar as marcas do passado que os acompanha assinalando seu destino, indicando sujeitos de uma contemporaneidade radical, que buscam no presente e nos objetos do mundo e das pessoas o sentido de suas vidas. Não entram em cena famílias ou redes de amizades. Os pares se formam ao acaso, na troca de olhares, na atração que um exerce sobre o outro ou nas respostas provocadas pelos olhares desejantes.

O jornalista de obituários se apaixona pela *stripper* americana que está chegando em Londres. O dermatologista que se diverte em um *chat* erótico atrás da fruição de fantasias sexuais virtuais comparece ao encontro marcado por Anna-Dan e uma fotógrafa sofisticada passa a ser sua *partner*.

Mas, assim que o pano se abre para o interior dos desejos, *Closer*, é possível assistir ao *nonsense* das relações amorosas que nivela cada personagem naquilo que lhe é impossível ultrapassar, seja nos limites que o outro lhe impõe enquanto fonte de prazer ou sofrimento, seja na trajetória inesperada ou repetitiva dos próprios desejos e as fantasias que o permeiam.

No *vernissage* da exposição de suas fotografias, *Strangers*, Anna e Dan se reencontram e Larry conhece Alice, a protagonista do livro de Dan, cuja foto com lágrimas se encontra exposta, além do próprio Dan, o *cupido* responsável por seu encontro com Anna. O clima entre os dois homens é de franca rivalidade, atestada pelos comentários ciumentos que um tece sobre o outro, embora eles evitem o encontro (constrangedor?). Enquanto Larry conversa com Alice, mais interessado em auferir a ameaça do *cupido*, Dan aborda e provoca Anna, tentando seduzi-la e convencendo-a de seu interesse por ele.

Anna e Dan começam a se encontrar às escondidas e, após um ano, decidem contar para seus respectivos pares, a fim de que possam assumir seu amor.

Nas cenas em que Dan revela a traição à Alice, e Anna a Larry, desfilam sentimentos de culpa, ódio, ressentimento, desamparo, dor e vingança. Também são cenas que apontam para as singularidades das fantasias e sofrimentos vividos em torno da perda amorosa e do impacto ou indiferença que a dor do outro provoca.

"Isso vai doer", diz Dan para Alice, ao revelar que está com Anna há um ano. Alice quer saber as razões, sente-se arrasada, rejeitada e enciumada. "Por quê?" A pergunta é feita em meio ao sentimento dilacerante de dor provocado pela perda e se dirige ansiosamente a uma tentativa de entender a opção de Dan por outra. O que Anna tem que ela não tenha? Dan responde que talvez seja por Anna não precisar dele. Ele está visivelmente constrangido e culpado, parece se preocupar com a dor e o desamparo de Alice, mas está decidido a ir atrás de seu desejo por Anna. Confessa a ela se sentir covarde e egoísta, por achar que vai ser mais feliz com Anna.

Alice está desesperada, sua expressão é só dor. Coloca o casaco e prepara-se para ir embora. Dan teme por ela. "Fique, lá fora não é seguro!", ao que Alice pergunta: "E aqui, é?". Ela chora e quer saber se Anna tinha estado na casa deles. Ele diz que sim. Ela o olha com dor e decepção. "Como você consegue? Como pode fazer isso com as pessoas?" Diante da resposta de Dan de que se apaixonou por Anna, ela o questiona, perguntando se ele não tinha escolha. "Podemos nos entregar ou resistir", diz ela. Em meio à dor de se saber traída há um ano, Alice quer saber detalhes, confirmar suspeitas e acusá-lo pela sua deslealdade. Dan não discorda de suas acusações e a trata com muito carinho e delicadeza. Eles se abraçam.

Ela pergunta se ele ainda gosta dela. "Claro que sim". Alice o olha e diz: "Você está mentindo. Eu já estive em seu lugar". Dan a abraça e diz que detesta magoá-la. Ela diz que ele vai sentir sua falta e que ninguém vai amá-lo como ela.

Larry volta de sua viagem a Nova York, onde esteve para um congresso, cheio de saudades, presentes e planos de estar com Anna. Percebe-a reticente e começa a desconfiar que ela vai deixá-lo. Tenta quebrar o clima instalado pela indiferença de Anna contando detalhes da viagem. Mostra um postal com fotos tiradas por ela que encontrou à venda no saguão do hotel. Conta que se surpreendeu ao saber que a maioria dos *concergiere* de hotéis se colocam à disposição para agenciar programas com os hóspedes e que ele tinha estado com uma prostituta. Pede desculpas. "Por que você me contou?" "Não posso mentir para você", diz ele. "Por que não?" "Porque te amo". Anna está constrangida e evita o olhar de Larry. Não sabe o que dizer. Larry é direto. "Você vai me deixar?" Ela acena que sim. Ele pergunta por quê. Ela responde: "Dan". "O cupido? Mas ele é nossa piada!" "Eu o amo". "Desde quando?" Anna começa a chorar, diz que se sente repulsiva e revela que está com ele há um ano, desde sua exposição. Larry está com muita raiva. Nesse intervalo, os dois haviam formalizado o casamento e planejavam ter filhos. Suas reações são agressivas, seu olhar é de ódio. Sente-se humilhado, enganado e detesta admitir que ela (mas principalmente ele) se divertiu às suas custas. "Por que você não me contou?" "Estava com medo". "Você é covarde, uma menina mimada".

Ele começa a questionar o desempenho sexual do rival. Quer saber detalhes. Quantas vezes gozam, se ele é melhor, se ela gosta mais. Anna tenta fugir dessas perguntas, mas ele se descontrola, fica violento e exige respostas. Ela diz que Dan é diferente, mais gentil. "Mais gentil como?" "Você sabe". "Eu te trato como puta?" "Às vezes". "Por que será?", diz ele, com muito ódio. De repente, pega o rosto de Anna entre as mãos e em um ímpeto de arrogância diz: "Você vai me deixar porque acha que não merece ser feliz, mas merece". Em seguida, dá-se conta de seus limites para mudar a situação e sua expressão é de dor. Esconde o rosto entre as mãos. Mas logo seus olhos voltam a se encher de ódio e ele questiona se eles haviam se encontrado ali, naquela casa. Anna tenta se esquivar, ele grita e insiste. Ela diz que não e passa a andar pela casa no intuito de ficar longe de sua ira. "Me diga a verdade", grita ele. Ela diz que sim. "Onde vocês transaram?" Ela aponta o sofá. "Onde transamos pela primeira vez? Você pensou em mim?" Ela não responde. Larry continua gritando e exigindo detalhes, sobre posições, orgasmos e preferências. "Por que o sexo importa tanto?", pergunta Anna. "Porque sou um troglodita!", berra ele.

As cenas de um e outro casal vão se interpondo, como que a demonstrar as idiossincrasias de cada par e as posições ou lugares que cada um dos personagens em particular ocupa na relação, mas também certas figuras que se repetem, como o insuportável lugar do excluído e uma certa erotização em torno do que se imagina que o parceiro viveu com o rival.

A despeito da dor que tanto Alice quanto Larry sofrem ao se inteirar da traição de seus companheiros, e do constrangimento de Anna e Dan quando estes lhes confessam suas intenções futuras e infidelidades passadas, as reações de ambos, Alice e Larry, apontam a injúria narcísica de ser trocado por outro e ter que aceitar sua condição de ex-especiais. Alice parece dar peso maior à traição da confiança, decepciona-se com a falta de lealdade esperada e sua dor é pela perda do amor, do carinho, do ninho. O sofrimento de Larry é atravessado pelo fato de ter sido trocado por seu maior rival, por perder sexualmente sua amada para esse outro homem, naquele momento mais bem avaliado que ele, ferida narcísica insuportável.

Por outro lado, há diferenças entre os dois homens e as duas mulheres. Dan é um homem frágil, cujas palavras e olhar buscam a aprovação de seu interlocutor. Na disputa com Larry, seu rival e parceiro virtual, para conquistar Anna, sabe que sua virilidade não está na sua potência sexual. Larry, por sua vez, encarna o macho que não se constrange em se orgulhar do valor que dá ao sexo, sem dúvida o lugar que confirma sua virilidade. Como *troglodita* assumido, as vantagens fálicas são imprescindíveis, assim como são insuportáveis as injúrias narcísicas que ameacem sua imagem viril. Embora as duas mulheres sejam americanas, Anna é uma fotógrafa bem-sucedida que vive em Londres e é recém-separada de seu marido inglês. Bonita e competente, acomoda-se bem no lugar de desejada pelos homens sem ter que fazer grandes esforços. O exílio de Alice parece ser mais contingencial, assim como vive sem grandes conflitos sua vida de *stripper* e de mulher romântica e apaixonada por Dan.

Passados quatro meses, Larry não desiste de Anna, recusando-se a lhe dar o divórcio e implorando para que ela volte, enquanto Alice some sem dar sinal de seu paradeiro a Dan. Nesse ínterim, Larry cruza acidentalmente com Alice em um bar de *strippers* e paga para vê-la a sós. O clima entre eles é de tensão, embora Alice tente manter-se indiferente. Larry está com uma aparência sofrida e mal cuidada, e seu diálogo com Alice mistura assédio sexual com um apelo para que ela se identifique com sua mágoa de ter sido trocado. Alice dribla suas tentativas de contatos físicos, proibidas pelo clube, ao mesmo tempo em que representa seu papel de *stripper*, fantasia sedutora e irresistível à maioria dos homens. Larry insiste para que ela o encontre fora dali. "Amo você. Amo tudo o que dói em você". Chora. Seu tom é de amargura e raiva e sua proposta à Alice desvenda para além de seu desejo de sexo, sua dor narcísica e sua sede de vingança. É a Dan que ele quer ferir, este que seduziu-o pelo *chat* pornô e depois levou embora sua amada.

A cena do clube de *striptease* exibe de certa maneira a cisão entre amor e sexo para Alice. Com Dan, Alice é a menina desamparada do acidente, que aparentemente se entrega a seu salvador. Já como *stripper*, a peruca, o vestido, o brilho e o lugar a transformam em uma mulher sedutora e irresistível, ciente do desejo que provoca aos homens anônimos que frequentam o clube em busca de gozo sexual. É ali que seu codinome (é comum que se inventem nomes fictícios) é sua *verdadeira* identidade. Larry é o que mais se arrisca no jogo amoroso-sexual, embora o faça mediante uma inflação fálica e narcísica, na qual aposta todas as suas fichas, parecendo colar amor e sexo.

Com o intuito de resolver a situação de sua separação, Anna decide almoçar com Larry, que impõe que ela transe com ele como condição para assinar o divórcio. Convence-a ao dizer que está obcecado por ela e que ela lhe é devedora, já que o traiu. Eles vão ao novo consultório de Larry, e depois de estarem juntos ele a provoca, inquirindo-a sobre sua intenção de contar ou não a Dan. Espertamente, opina ser a verdade sempre o melhor caminho.

De volta a Dan, que a espera ansiosamente, ela conta que conseguiu que Larry assinasse o divórcio. Dan está agoniado e mais interessado em saber os detalhes das negociações. Ao perceber certa reticência de Anna, desconfia e a questiona. Ela acaba confessando seu ato, mas justificando-o como condição de felicidade para os dois. "O que você espera que eu faça?", diz ele. "Entenda", diz ela. Dan não consegue suportar o fato, fica transtornado e acaba lamentando que ela tenha lhe contado. "Combinamos dizer a verdade", diz ela. "Minta de vez em quando. É o que costumam fazer por aí", diz ele. Diante de sua desolação, Anna insiste que o ama e analisa seu gesto como um ato de gentileza para com Larry e não de covardia. Convida-o a imaginar-se fazendo o mesmo por Alice. Dan nem a ouve mais. Sua raiva e ciúmes de Larry o ensurdecem. "Você não quis que ele te odiasse!" Ele está transtornado, seu pensamento é para Larry, por perceber que não poderá perdoar, pelos ciúmes dilacerantes. Resta-lhe romper a relação. "Acabou, perdemos a inocência!" Ela protesta: "Não, não deixe de me amar. Se foi uma estupidez, não significou nada para mim. Se você me ama, me perdoa". "Você está me testando?", pergunta Dan. "Não, eu te entendo...", diz Anna. "Não... ele entende (referindo-se a Larry). Não dá para ficar imaginando você com ele. Ele é esperto, foi seu ex-marido, eu quase o admiro. Acho que você se divertiu para valer e eu só vou ficar sabendo se perguntar a ele". Anna o olha com raiva. "Por que você não pergunta?"

O rompimento não era a intenção do casal. A traição de Anna visava obter o consentimento do divórcio com Larry, e essa era a moeda que ele exigia em troca. Por outro lado, apesar de ter dito que preferia que Anna não tivesse lhe contado, Dan não tinha saída. Saber o que havia acontecido entre os dois era tão importante e doloroso quanto não suportar saber. A dor da perda da amada se mistura ao gozo do embate com o rival. A tentativa de Anna em mostrar a ele seu ato de amor está longe de surtir o mesmo efeito que ele imagina ser do gozo provocado pela obtenção do troféu que ela significava para Larry. A raiva por ela ter quebrado o pacto de exclusão do rival é insuportável, porque o coloca novamente em desvantagem em relação a Larry. O outro fora mais esperto na guerra de espadas.

Após alguns meses, Dan vai procurar Larry em seu novo e moderno consultório, cuja sala de espera tem um aquário. A cena já o mostra em desvantagem, com uma aparência descuidada, todo molhado pela chuva e esperando para ser atendido. Implora a Larry para que deixe Anna voltar. Instala-se um aparente acerto de contas que esconde o gozo de ambos pelo jogo erótico e sadomasoquista do poder. Larry se aproveita de sua vantagem para humilhar e ampliar sua vingança e seu poder sobre Dan. O clima fica tenso, agressivo e as palavras jogam um pingue-pongue, em que cada um tenta mostrar ao outro as razões que levariam Anna a preferi-los ou odiá-los. Larry interrompe o jogo. Precisa voltar a atender suas pacientes. Dan chora. Está arrasado e parece um menino desamparado. Larry ensaia um olhar de compaixão ao aconselhá-lo a procurar Alice, dizendo que ela ainda o ama. Conta que a encontrou em um clube por acaso e passa-lhe o endereço. "Sim, eu a vi nua; não, eu não transei com ela", diz Larry, antes que Dan possa questioná-lo. Ele agradece a gentileza, mas quando está quase saindo, Larry lhe diz: "Eu menti, eu comi Alice. Desculpe-me por te contar, mas sou raso o suficiente para não te perdoar". Sente-se vingado. Duplamente. Imensamente. Eles voltam a ser parceiros no jogo. Trocam apenas Anna por Alice.

De certa forma, Dan sai em desvantagem e humilhado diante do evidente domínio de Larry sobre ele. Não havia razão para que ele procurasse Larry a não ser para se instalar em uma cena masoquista e se submeter a esse homem a quem ele parece admirar, confirmando assim a superioridade fálica de Larry. Mas Larry acaba convidando Dan a continuar o jogo.

Na próxima cena, Alice e Dan estão juntos, preparando-se para viajar de férias para Nova York. O voo sai em algumas horas. Ela está feliz. O clima entre eles é de intimidade e carinho. Ela lembra que eles estão juntos há quatro anos. Dan parece ansioso, quer fumar e não consegue achar cigarros. Ela o chama para se deitar junto a ela. Ele lhe pergunta por que está com ele, já que poderia escolher outros. Ela leva na brincadeira. Ele lhe pergunta quando vai deixar de ser *stripper*. "Logo". Ele começa a perguntar-lhe sobre Larry. Ela diz que não houve nada entre eles e tenta mudar de assunto, lembrando-se de fatos importantes da história do relacionamento de ambos. Dan insiste: "Ele foi ao clube, viu seu show e vocês conversaram. Só isso? Você não está confiando em mim. Eu te amo. Pode ficar tranquila, você tinha esse direito. Eu só quero saber". Alice começa a ficar incomodada. "Por que isso?" "Eu sou meio maluco. Essas coisas nos fazem humanos". Ela fica séria. "Nada aconteceu. E você estava com outra". "Isso justifica?" Ela o olha magoada. Ele diz: "Nada, falei por falar", e começa a se arrumar para sair. "Aonde você vai?" "Preciso de cigarros. Quando eu voltar, conte-me a verdade". "Por que isso é importante?", pergunta ela. "Sou viciado nisso. Porque sem isso somos animais". Dan demonstra o quanto Larry precisa estar entre ele e a mulher.

No elevador, fica pensativo, volta, rouba uma flor que estava em um vaso no corredor e diz a Alice que a ama. "Não te amo mais", diz ela. "Não quero mentir, mas não posso contar a verdade. Está tudo acabado". Dan fica assustado e diz que ela não precisa mais contar. Ela diz ser tarde demais e passa a contar a ele, dizendo que sabe que depois disso ele irá odiá-la.

Conta que transou com Larry a noite toda, que gostou, mas que prefere ele, Dan. Dan diz a ela que já sabia, que Larry havia lhe contado. Alice não pode entender as razões de Dan. "Eu precisava saber por você. Ele podia ter mentido. Você não mentiria". Alice continua desolada. "Eu jamais teria te contado porque você não me perdoaria". Dan insiste: "Eu perdoaria. Eu já te perdoei". Alice fica pensativa: "Por que ele te contou?" "Porque ele é um babaca". Dan começa a se dar conta e temer o fato de que Alice perceba o jogo entre ele e Larry. "Para que isto acontecesse!". Ele insiste: "Eu queria te testar". "Por quê?" "Porque eu sou um idiota". Alice está deitada na cama, imóvel. "Você é. Eu teria te amado para sempre. Agora, saia". Ele está de pé ao seu lado e implora: "Não faça isso. Fale comigo. Você entendeu mal. Eu não queria...". "Queria sim!" Dan fica desesperado. A decisão de Alice parece irrevogável. Ele arrisca: "Eu te amo". Ela olha para ele com raiva: "Onde? Cadê esse amor que eu não vejo, não sinto e não consigo tocar? Por favor, saia". "Não faça isso". "Está feito". Dan ainda insiste: "Por que você transou com ele?"; "Porque eu quis", Alice fala com rispidez. "Por que com ele?", "Porque ele me pediu com jeito". Dan fica enlouquecido "É mentira!" Ela o olha com desprezo e cospe. Ele levanta a mão para bater. "Vai, bate, seu escroto!". Ele bate.

Na dissolução dessa relação amorosa há uma certa repetição, algo que se impõe a Dan e que ele tenta resolver na desconstrução do fantasma desse outro homem e como isso se articula à sua relação com essas mulheres. O amor que elas lhe devotam está longe de superar a atração exercida por esse terceiro, rival enquanto parâmetro de sua própria virilidade, mas objeto de desejo para viver suas fantasias eróticas. Alice passa do amor ao ódio diante da percepção de que quem ama é ela. Foi ela quem construiu esse lugar idealizado e romântico para Dan ocupar, um lugar que ela julgava ser de trocas amorosas e de cuidados que tanto prezava. Ao contrário de Dan, ao omitir sua *infidelidade*, ela tentava preservar a relação, enquanto para Dan, embora já soubesse pelo rival, causava-lhe prazer poder ouvir como Larry gozou com Alice e vice-versa.

Cada encontro ou desencontro dos pares aponta diferentes nuances em torno do tema da infidelidade articulado às várias modalidades ou formas de amar: indiferença, amar e ser amado, amor e ódio em sua ligação com as vicissitudes das pulsões. Quando Dan se sente atraído pela fotógrafa, ela se deixa seduzir pelo jogo amoroso que se instala entre eles. Alice percebe e chora em silêncio, talvez por saber-se impotente diante da possibilidade de seu Dan se apaixonar ou desejar outra mulher. Anna passa a ser um fantasma importante e ameaçador. Da fruição narcísica e da busca de gozo que envolve o flerte entre Anna e Dan à dor de Alice diante da possibilidade de outra mulher ameaçar roubar seu amado, são muitas as tonalidades que colorem os jogos amorosos.

Quando estão se preparando para ir ao *vernissage* de Anna, Alice se mostra insegura e pede a Dan para suspender a viagem que faria sozinho no final de semana. Busca qualquer garantia de que ele não irá deixá-la. Em foco, o anseio de que o outro amado não a confronte com a possibilidade de reviver as dores narcísicas da perda amorosa.

Não por acaso. Na exposição, Dan assedia Anna e fica-se sabendo que ele costumava segui-la próximo a seu ateliê, forçando um encontro entre os dois. O clima de caça e sedução está instalado e ambos parecem desfrutá-lo. Larry controla a conversa entre os dois pelo olhar, e, quando Dan sai, mostra-se ciumento ao fazer comentários cínicos e depreciativos sobre o rival. Ao invés de silenciar como Alice, Larry parece disposto a ser o cão de guarda de sua Anna. Entre ele e Anna, está Dan. Como cada um tenta evitar o confronto com a perda amorosa, assumem nuances diferentes, assim como as diferentes maneiras como cada um se arvora nas tentações da infidelidade. Quando Dan e Anna passam a se ver às escondidas durante um ano, os encontros secretos, transgressivos e gozosos alimentam a decisão de romperem com as antigas ligações. Ao assumirem sua nova relação, o filme abre espaço para as dores de Alice e Larry diante de suas perdas amorosas e da infidelidade de seus pares, formando um novo par de excluídos. Ao se encontrarem no clube de *striptease*, Larry faz questão de lembrá-la dessa condição de iguais, como a mostrar que poderiam se ligar por esse fio de identidade. O encontro sexual entre eles tem sabor de vingança, mais para Larry. A infidelidade mostra seu caráter de fruição sexual acrescida da narcísica. O eu se alimenta desse gozo. Mas Larry, ao contrário de Alice, não irá desistir de assediar Anna para se vingar de seu rival e consegue tirar proveito do fato de ela desejar o divórcio. Para Anna, a proposta de Larry acena-se com um brilho narcísico, já que ser desejada pelos dois homens lhe faz bem. Por seu lado, ao fazê-la trair Dan, Larry conquista um duplo triunfo narcísico. O ódio de Dan diante desse triunfo o deixa cego. Anna volta para Larry. A cena em que Dan vai até Larry lembra a de um filho a quem só resta reconhecer a potência do pai rival (ou do irmão), desvelando a ambivalência de seu amor. Larry não lhe dá folga e sacia seu desejo ao relatar sua festinha com Alice, que Dan não esquece, ao contrário, buscará revivê-la através de Alice. Entre dores e gozos, o jogo com pitadas sadomasoquistas que Larry lhe impõe supera o conforto de saber-se amado por Alice.

O filme termina com cenas em que Dan volta ao lugar onde esteve com Alice quando a conheceu, e, ao ler os quadros de obituários, descobre que a verdadeira Alice Ayres havia morrido salvando vidas. Por seu lado, ao chegar a Nova York, Alice é saudada pelo funcionário do aeroporto: "Bem-vinda de volta, Jane Rachel Jones!". Jane, seu nome verdadeiro, era o que ela adotava no clube, ainda que Larry não pudesse acreditar. Alice aparece caminhando nas ruas de Nova York, em uma cena semelhante à do início do filme, com a expressão mais segura. Anna e Larry estão no quarto do casal, um lendo, outro dormindo.

É provável que o impacto que o filme provoca liga-se ao fato de oferecer um painel das relações amorosas, jogando mais luz sobre os sentimentos de incompetência que nos assolam no convívio amoroso cotidiano do que em sua poesia ou em suas cenas eróticas e por isso desvendando de forma crua o fator humano e a economia narcísica das uniões conjugais. Freud já havia apontado que as escolhas amorosas constroem suas condições atadas aos roteiros infantis que surgem em torno da perda da unidade mãe-filho e durante as inúmeras disputas, fracassos e estratégias vividas no complexo edípico. Também mostrou ser tensa a convivência entre amor e sexo, que, por terem inscrições diferentes, não erigiriam garantias para sua junção, tornando-se dependente de um eterno gerenciamento de seus registros que funcionam com necessidades diferentes e muitas vezes alternadas.

No filme, assim como na vida atual, os pares tentam fazer acordos que possam dar conta da regulação do prazer, do gozo e do sofrimento que suas relações amorosas e sexuais demandam, mantendo como pano de fundo o anseio de que cada outro eleito possa significar o fim dessa busca incessante e o conforto do amor incondicional. Mas, a despeito dessa aposta, as infidelidades rondam as dissoluções e questionam repetidamente a *contabilidade conjugal*. De modo geral, a fidelidade parece ser cobrada, esperada ou exigida como prova de amor *verdadeiro* e sua insistente transgressão ressuscita o roteiro das feridas narcísicas impingidas pela perda da exclusividade na infância. Ainda que a fidelidade seja esperada por todos, a quebra dessa exclusividade não segue uma norma, assim como incide de maneira diferente para cada um dos personagens, ligada a suas condições singulares de escolha e desejo.

Quando se coloca a lente de aumento, *closer*, é possível perceber que as *fidelidades* e as *infidelidades* nem sempre são antônimos, assim como podem assumir significados diferentes para cada um dos sujeitos. Comecemos por Alice. Embora o filme deixe em suspense o conteúdo do livro que Dan escreve sobre sua vida, mostra em algumas cenas a curiosidade que o fato de ela ser stripper desperta. Talvez a produção desse livro por Dan pudesse colocar em cena, ainda que de forma velada, a fantasia da tentativa apontada por Freud de salvar a vida *moral* de Alice. A exposição do corpo erótico faz dela a mulher que encarna a fantasia da prostituta, aquela que pode admitir ser desejada por todos os homens e deixá-los brincar com suas fantasias sexuais à vontade e sem limites. Por outro lado, Alice reserva um lugar especial e romântico para seu amor a Dan e chora diante de Anna ao perceber que ele a deseja. Seu choro constrange Anna, que até então estava dando corda ao jogo de sedução de Dan. Apesar de sua tristeza, quando Dan a deixa, ela não o rodeia ou pressiona como faz Larry em relação a Anna, assim como não aceita brincar com as regras de sombra e luz que fazem parte dos jogos amorosos, que para Dan são irresistíveis. Vai embora. Alice se entrega ao jogo de fruição sexual de *stripper,* que vive tal como uma atriz, e reserva um lugar especial e romântico para o amor. Talvez seja a única personagem que reserve tal espaço ao ideal do amor único e *verdadeiro*, em que a fidelidade é parte integrante. Por isso, a infidelidade de Dan é prova cabal de que o amor dele por ela acabou e ela só poderia falar de sua suposta *infidelidade* com Larry se o amor dela por Dan acabasse, como aconteceu. Sua cisão evita as dores que a ambivalência dos sentimentos impõe às relações amorosas e permite a ela perseguir com mais certezas seu ideal de amor romântico.

Dan é um homem delicado. A primeira cena do filme focaliza seu olhar de menino que se encanta ao ver a menina de cabelos cor-de-rosa vindo em sua direção. Quando Alice é atropelada, ele a leva ao hospital e cuida dela com carinho. Bem alimentado pelo amor-devoção de Alice, na cena em que flerta com Anna parece mais confiante e vaidoso, insinuando-se de forma sedutora. O clima de atração se instala entre os dois. Quando decide romper com Alice, sabe que vai feri-la ao confessar sua infidelidade e tenta ser o mais cuidadoso possível. A impressão é a de que a devoção dela o constrange. Parece pesar-lhe saber da dor que provocará a Alice. A relação com Anna, diferente de Alice, é sustentada pelo agradável jogo do triângulo que se instalou entre ele e Larry. O fato de Larry não desistir de Anna incrementa a autoestima de Dan. Quando Anna transa com Larry como pagamento pelo divórcio, sua infidelidade é um tiro no peito de Dan. Anna não pode entender por que a manutenção da figura de Larry como o excluído é tão importante a ponto de superar o projeto de vida a dois que ambos haviam planejado. Dan não tem mais saída. Ficar com Anna é admitir ocupar um lugar humilhante demais em relação a Larry. Deixá-la é dá-la de presente a Larry. Quando vai ao consultório de Larry *pedir* Anna de volta, é também um pedido de ajuda, de uma direção para a sua vida. A infidelidade de Dan para com Alice tem sabor de confirmação de sua virilidade, mas esse triunfo está dirigido ao jogo com Larry. Alice não joga. Declara seu amor. Anna é a promessa do desejo com muitas pitadas do jogo homossexual entre os dois homens.

Anna segue o modelo cultural padrão da mulher atual de classe média alta. Bonita, sofisticada, artista bem-sucedida, responde de forma bastante esperada às insinuações desejantes dos dois homens. Entrega-se ao desejo de ambos, mas mantém sua indiferença, própria de quem não pode desnudar sua carência, mas que funciona como indutora da atração que exerce sobre eles. O caso secreto com Dan alimenta sua vaidade e seu saber sobre a atração que exerce sobre os homens, além de contar com uma pitada de gozo narcísico na disputa velada com Alice. Quando conta a Larry sobre sua infidelidade, está constrangida e assustada, mas não parece se importar muito com o fato de não amá-lo mais. Acata sem discussão as falas agressivas que ele lhe dirige. Quando Dan rompe com ela por não suportar que ela tivesse transado com Larry, ensaia alguns pedidos de consideração, mas também não assume nenhuma posição mais incisiva. Volta com Larry, como se o que importasse fosse que algum dos dois se dispusesse a amá-la o suficiente. Ao trair Larry, credita isso ao *amor* que naquele momento se dirige a Dan. Ao trair Dan, tenta resolver o impasse criado por Larry, sem perceber o quanto essa infidelidade é mortífera para Dan. Ocupa com certa segurança e alguma certeza esse lugar de desejada pelos homens, mas impõe a seus parceiros um desafio constante diante da ameaça de seu desinteresse.

Larry encarna o modelo do macho masculino que cola o falo ao pênis. Amor e confirmação de virilidade parecem atados. Transar com Alice no encontro casual, ou com Anna para negociar o divórcio, tem sabor de triunfo egóico, e o fantasma do rival incrementa seu desejo e seu gozo narcísico. Apesar de sua desolação diante da opção de Anna por Dan, ele não desiste e usa todas as armas ao seu alcance para recuperar a desvantagem. Seu triunfo é reconhecido pelo rival: ele é mais homem! Ou ele é *o* homem. Sua arrogância fálica, embora provoque ódio, também desperta a admiração por lhe conferir um saber ou uma promessa de um saber mais que os outros homens.

Por desfrutar de um passado em que reinou como convenção social de consenso sobre uma norma a ser seguida pelos pares conjugais, a permanência da exigência de fidelidade não é tão questionada na cultura atual. Mas em *Closer* fica mais fácil destrinchar seus significados oscilantes. Como mostra o trabalho de Heilborn, a igualdade e a liberdade são quesitos conquistados e pouco questionados na constituição dos pares conjugais atuais. Mas a fidelidade sexual esperada pela igualdade é repetidamente questionada pela liberdade. O que se passa é que a fidelidade sexual, embora não seja mais imposta por nenhuma norma cultural ou mesmo pelas leis que regiam os casamentos até algumas décadas atrás, continua fazendo parte de um consenso entre os pares. É esse consenso, aceito quase que unanimemente, que denuncia sua parceria com a manutenção do ideal de amor romântico, aquele que pudemos analisar como sendo constituinte de uma subjetividade e essencial para a existência do desejo. A exclusividade pretendida por ambos os parceiros, independente dos sexos ou gêneros, é caucionada pelo imaginário cultural, mas estaria ligada a uma imposição infantil poderosa, à qual a maioria dos sujeitos resiste a renunciar. Nada é mais gratificante do que a ilusão de possuir a fonte do amor incondicional, assim como nada é mais terrível do que perdê-la. A fidelidade é desejada por ser a mais importante prova de *amor verdadeiro*.

A recorrência da infidelidade a despeito dessa esperada exclusividade é sempre um momento de muita dor para o parceiro traído ou de muito júbilo quando é um ato de vingança, sendo dificilmente vivido com indiferença pelos dois. Não ser necessário para o objeto amado faz reincidir a antiga ferida narcísica provocada pela descoberta de não ser único para a mãe e de ter que dividi-la com um terceiro. É justamente esse protótipo da perda amorosa, sua fatal significação e os destinos edípicos que imprimirão um roteiro de luz e sombras necessárias para a administração do gozo e do prazer nas relações amorosas. Por outro lado, a infidelidade pode ser uma aliada da indiferença a serviço da onipotência dos que se sentem ameaçados diante do sofrimento que essa administração impõe.

Nesse sentido, assim como a expectativa de fidelidade sexual é um sinal da evidência do ideal de reviver um sentimento de exclusividade, de ser único e imprescindível, e até de uma aposta na perenidade da relação, as *infidelidades* apontam para o caráter ilusório dessas aspirações. Na melhor das hipóteses, o sujeito depara não só com a sua ambivalência e insignificância, mas com a do outro.

Diante das uniões conjugais formadas unicamente pela contingência dos gostos, como diz Soler (2005), em que a igualdade e a liberdade entre os pares são valores prezados, os sujeitos se veem confrontados com a dessimetria entre o que esperam do amor, o que o seu desejo impõe e o que o outro representa de limites para suas aspirações. Mas essas diferenças não são nem óbvias nem simples de serem analisadas.

Os conflitos decorrentes de uma aspiração maior ao amor na manutenção dos pares atuais apontam diretamente para a difícil administração da pretendida junção amor e sexo, contida no ideal amoroso e suas razões são complexas. Se, como vimos, a aspiração a que o parceiro eleito compartilhe da promessa de restituição de uma união de exclusividade faz parte de um ideal de sustentação do eu, parece-nos importante situar esse paradoxo no cerne das relações amorosas. Embora ambos desejem ser desejados, as diferentes maneiras como cada um se coloca diante de seus desejos e do desejo do outro são parte integrante, não só das fantasias que constituem o erotismo de cada um, como também das negociações que cada um está disposto a fazer no exercício amoroso do dar, receber, pedir, rejeitar. As uniões amorosas estariam fadadas a repetir indefinidamente um circuito em que cada eu se confronta com seu ideal de eu, percurso este atravessado pelas sinuosidades que a promessa e a decepção impõem e pelos custos que cada sujeito pode ou não assumir. Da onipotência ao desamparo, como cada sujeito vive seu prazer, ou seja, o quanto ele pode suportar deslocar esse prazer da necessidade à suficiência, interfere nos modos como irá responder aos anseios de completude de cada outro na dupla amorosa e está ligado ao grau em que um se submete ao outro.

O que se depreende é que não é fácil renunciar a essa promessa de completude e exclusividade que se mantém através do ideal amoroso romântico. Se isso faz parte de uma sustentação do eu e de seu ideal, o complexo amoroso se constitui em um confronto com as questões e as respostas de cada um diante do que percebe ser a diferença entre seu eu e esse ideal. A repetida tensão narcísica entre o eu e o ideal de eu teria sua razão de ser justamente pela promessa contida no ideal de eu, um estado de completude em que ele se veria livre de todas as impossibilidades decorrentes da castração e de todos os confrontos que cotidianamente o jogo amoroso lhe impõe. Essa fantasia de satisfação narcísica é poderosa e, segundo Calligaris (1991), seria estruturante de um sintoma social implícito na maneira como os sujeitos tentam controlar os ideais e no gozo que obtêm disso, mantendo-se distantes da castração. Dos nossos personagens, Larry e Anna são os que mais encarnam esse sintoma com algum sucesso.

A expectativa de fidelidade entre os pares parece comungar na tentativa de encobrir a verdade sobre a necessidade de aceitar a atenuação do prazer absoluto, assim como as infidelidades desvendam essa ilusão. O jogo amoroso pressupõe mediação, recalque e aceitação da impossibilidade do gozo pleno, ou tentativas de se esquivar e velar sua impossibilidade, ainda que nós e a cultura optemos por manter estampado em algum lugar de nossos futuros os letreiros que acenam com o *amor verdadeiro*.

Considerações finais: amor, ilusão necessária?

"Rir nunca mais / A ilusão de que vai durar para sempre / Nunca mais / Sol nunca mais / O que era febril a chuva vem molhar / Foi bom sonhar / Mas acordei ao som dos pesadelos".

("Falso milagre do amor", Ed Motta)

Na música "Futuros amantes", Chico Buarque discorre sobre um fictício futuro em que sábios tentam decifrar os estranhos vestígios de uma gramática amorosa de cartas e poemas de amor. Mas se é incerto que o futuro irá ou não nos reservar alguns resquícios do reinado do *amor romântico*, não se pode negar que na atualidade esse ideal amoroso continue delineando horizontes almejados pelas duplas amorosas. Ainda que Ed Motta revele saber do "Falso milagre do amor" e que suas estrofes cantem a ilusão do amor, aquela que pode nos remeter às mais pungentes dores, vimos com Freud que não se abre mão desse sonho, dessa fantasia de retorno a uma unidade imaginada plena ou da promessa de uma indenização amorosa alhures, a que em geral se acredita ser de direito. Seria o paradoxo do amor manter-se indefinidamente alimentado por essa ilusão?

"O amor não existe sem uma idealização", diz Green (1988, p. 47). A supervalorização que os pais atribuem a seus rebentos é responsável pela visão supervalorizada que eles têm de si mesmos, e faz parte da renúncia a essa imagem de perfeição e satisfação ilusória imaginá-la como sendo restituída em um devir através do encontro de um objeto especial que acene com esse estado de gozo. Esse parece ser não só o grande trunfo do amor que, tal como um grande círculo, movimenta-se em direção a uma promessa imaginada desde a origem de cada um, mas também a causa de suas dores, vividas no âmago das decepções engendradas por sua impossibilidade.

Como atestou Jurandir Freire Costa, a cultura burguesa da época de Freud fornecia dispositivos que regulavam as uniões conjugais em torno de um casamento monogâmico, que previa um vínculo duradouro e exclusivo. Isso ajudava a caucionar o ideal de amor romântico e seu corolário, a fidelidade, que desfrutava do fato de ser uma convenção social. Na atualidade, o permitido e o proibido convivem com o que é prometido para esse prazer, e homens e mulheres, ao continuar a buscar essa união mítica, ancoram-se em acordos mútuos que pretendem fornecer-lhes um mínimo de certezas. Embora a transitoriedade do amor seja mais aceita, ele faz parte mais do que nunca das grandes ilusões humanas ocidentais, já que seu reiterado fracasso não parece fazer com que se abdique de buscá-lo assim como de se esperar a fidelidade do amado.

É o amor incondicional imaginado pelo bebê nos cuidados e acolhimento oferecidos durante os primórdios de sua existência que o auxiliam a se tornar um sujeito. É esse amor que o transforma em narciso, marcando seu destino de busca para ser amado e admirado. Recuperar essa imagem de centro do mundo e de todas as atenções parece ser a função do romantismo amoroso, que assim parece legitimar a expectativa de satisfação sexual e sentimental. O amor que nasce na relação mãe-filho é o que fornece o molde da aspiração amorosa das uniões conjugais, e a tentativa de manter a exclusividade acena com a expectativa de alguma forma de garantia de se ser o único para o objeto eleito. A promessa dessa restituição aponta para um devir. Mas a expectativa de que o objeto eleito possa assumir idealmente o espaço de plenitude e garantir o encontro da metade que completa vê-se rapidamente quebrada, e a fidelidade que funcionava como um dispositivo de promessa da manutenção desse par ideal, ao não ser mantida, acusa a impossibilidade de isso se concretizar. Embora os acordos sejam contratuais e geralmente contenham a promessa de fidelidade sexual entre os pares, as razões das *infidelidades* são muitas, todas ligadas aos roteiros sintomáticos que cada um percorre nas tentativas de enfrentar, desvencilhar-se, reparar, recusar ou repetir os fantasmas atados aos seus desejos infantis diante do Édipo, que contêm a história da separação das figuras parentais e das identificações possíveis. Amor, ódio, rivalidade e ciúmes são cores obrigatórias desse romance, que pode ainda ganhar tonalidades de ressentimento, vingança, masoquismo, sadismo, melancolia etc.

Se a fidelidade continua sendo um item privilegiado de controle das relações amorosas, é porque se mantém (talvez como a última) prova da possibilidade de realizar o ideal de eu de ser um objeto único e exclusivo de amor de um outro;

Prova de *amor verdadeiro*. Sem as antigas regras que orientavam a relação entre os sexos e forneciam códigos para a distribuição de poder e prazer, o destino da fidelidade parece ser fazer parte integrante da *contabilidade conjugal* que, na atualidade, se refere tanto aos acordos e pactos prévios e consensuais quanto aos ajustes necessários e constantes. Mas se a fidelidade acena com a segurança da igualdade entre os sexos que almejam uma união duradoura, tropeça com a liberdade que cada um reivindica para si diante de seus desejos. Desejos sexuais que, como sabemos, percorrem trilhas menos exclusivas e diferenciadas dos anseios de amor.

Se este é o destino de todos e sua busca vã, parece ser o roteiro mais aceito pela cultura para driblar a *castração* freudiana, já que o amor insiste em se manter nesse lugar de preencher o que falta aos sujeitos. O objeto amado encarna reiteradamente a promessa de felicidade, mesmo que a esperança se transforme em fracasso e o sonho em martírio. São muitas as maneiras de sustentação da ilusão de que o amado possa completar-lhe. A infidelidade (e seu corolário) pode servir como impossibilidade, e nesse sentido ela funcionaria como um velamento da precariedade estrutural das relações amorosas, ao chamar para si a responsabilidade pelo fracasso.

O filme que analisamos mostra de forma insistente essa ilusão, ao destacar o lugar que a confissão (da verdade?) ocupa no manejo do jogo amoroso. Na maioria dos episódios em que os personagens são confrontados com suas infidelidades, atrás das dúvidas do arguidor e de seu réu estão os sentimentos ambivalentes de todos e o anseio pela certeza que não há. Nem a confissão de Anna para Larry feita sob ameaça, nem aquela feita com cuidado amoroso por Dan para Alice impedem que ambos, Larry e Alice, vivam as dores dilacerantes da perda de sua imaginada exclusividade. Quando Anna confessa a Dan o preço cobrado por Larry pelo divórcio, ele não pode suportar o triunfo de seu rival, ainda que exista uma lógica de acomodação para ele e Anna. Se Alice busca o conforto para o seu sofrimento em uma cisão entre amor e sexo aparentemente útil, ela parece ser a única que pode aceitar que o amor *morreu*. No mínimo, podemos ser gratos ao diretor Mike Nichols, por ousar revelar o caminho que Freud farejou, ou seja, de que fosse possível haver uma aceitação da transitoriedade, "rumo ao usufruto do prazer possível, episódico, limitado, fugaz, mas nem por isso menos valioso" (Loureiro, p. 355).

Se os pares atuais se formam apostando no *amor verdadeiro*, mas acreditando ser tal amor ilusório, é no espaço entre um e outro que ziguezagueiam os contratos, acordos e regras que poderão ou não sustentar a relação amorosa. A palavra *jogo* é a que mais se aproxima desses encobrimentos, que parecem ser essenciais para que haja algum sucesso. A cumplicidade exigida também é algo a ser conquistado e permanentemente revisto pelos pares. Cada par precisará confeccionar os acordos que poderão manter o investimento de ambos na relação, sempre tributários de posições sintomáticas, ainda que possam ser deslocadas.

Se nas últimas décadas a cultura tentou decifrar os enigmas do amor e do sexo na tentativa de tornar as relações amorosas mais satisfatórias, há um contraponto interessante que parece persistir. Ninguém parece querer reduzir as relações entre os sexos à crueza dos desejos ou das fantasias sexuais de cada um. Imaginar que o amor possa garantir um pouco de cobertura e sentido à união dos corpos parece estar atado à promessa de que cada amado possa encarnar a metade que falta. E esse não parece ser anseio somente de mulheres em busca de um lugar nas asas de um parceiro, mas de todos que se negam a desistir de sonhar com seu ideal de romance. Talvez porque o romantismo, em sua própria constituição paradoxal, insista em re-encantar o mundo através da busca de uma unidade e totalidade, mesmo guardando a consciência de que esse anseio seja impossível. Kehl (2004) cita essa contradição, ao se referir à época em que mantinha uma coluna de respostas aos leitores da revista *Playboy*, quando mesmo que as perguntas se dirigissem aos desvendamentos dos enigmas sexuais dos desejos de cada um, em geral a maioria ficava chocada com o discurso objetivo das respostas. "Onde está o romantismo?", seria a pergunta que insistiria. Quem sabe seja esse adjetivo *romântico* que guarde o paradoxo do ideal amoroso, ao comportar a reflexão e a utopia, a consciência da perda e a esperança em resgatá-la, a experiência do limite e a luta para superá-lo, mantendo-se como um espaço ainda importante para nossos sonhos e ilusões.

Referências Bibliográficas

ALONSO, S. L. "A construção do feminino e do materno: considerações sobre a questão no mal-estar contemporâneo". In: MILNITZKY, F. (Org.). *Desafios da clínica psicanalítica na atualidade*. Goiânia: Dimensão, 2006.

ARIÈS, P. *História social da criança e da família*. Rio de Janeiro: Guanabara, 1986.

AULAGNIER, P. *Os destinos do prazer*. Rio de Janeiro: Imago, 1985.

_____. "Observações sobre a feminidade e suas transformações". In: CLAVREUL, J. (Org.). *O desejo e a perversão*. Campinas: Papirus, 1991.

BADINTER, E. X Y: *Sobre a identidade masculina*. Rio de Janeiro: Nova Fronteira, 1993.

BETTS, J. "Entre mito e complexo: o que vale o pênis no século XXI?" *Revista da APPOA*, 28, p. 71-85, 2005.

BLEICHMAR, H. *O narcisismo*. Porto Alegre: Artes Médicas, 1985.

BUENO, C. M. O. "O casal Freud". In: CALLIGARIS, C. (Org.). *O laço conjugal*. Porto Alegre: Artes e Ofícios, 1991.

CALLIGARIS, C. "A sedução totalitária". In: ARAGÃO, L. T. (Org.). *Clínica do social: ensaios*. São Paulo: Escuta, 1991.

_____. "Apresentação". In: CALLIGARIS, C. (Org.). *O laço conjugal*. Porto Alegre: Artes e Ofícios, 1994.

_____. *Adolescência*. São Paulo: Publifolha, 2003.

_____. "Diferenças sexuais". *Cartel da APPOA*, Porto Alegre, 128, 2004.

CALLIGARIS, E. R. *Prostituição: o eterno feminino*. São Paulo: Escuta, 2005.

CHASSEGUET-SMIRGEL, J. *O ideal do ego*. Porto Alegre: Artes Médicas, 1992.

COSTA, A. M. M. "O par e o ímpar na conjugalidade". In: CALLIGARIS, C. (Org.). *O laço conjugal*. Porto Alegre: Artes e Ofícios, 1994.

COSTA, J. F. *Sem fraude nem favor*. Rio de Janeiro: Rocco, 1998.

_____. *O vestígio e a aura*. Rio de Janeiro: Garamond, 2004.

_____. "A invenção do amor". *Folha de S.Paulo*, 15 nov. 1998, Caderno MAIS!.

_____. "As práticas amorosas na contemporaneidade". *Psychê*, ano III, n. 3, 1999.

CUNHA, E. L. "Adultério: a família diante do estrangeiro". *Veritati*, ano II, n, 2, p. 39-54, 2002.

DUNKER, C. I. L. *O cálculo neurótico do gozo*. São Paulo: Escuta, 2002.

FOUCAULT, M. *História da sexualidade I: a vontade de saber*. Rio de Janeiro: Graal, 1988.

_____. *História da sexualidade II: o uso dos prazeres*. Rio de Janeiro: Graal, 1984.

_____. *História da sexualidade III: o cuidado de si*. Rio de Janeiro: Graal, 1985.

FRANÇA, C. P. *Disfunções sexuais*. São Paulo: Casa do Psicólogo, 2005.

FREUD, S. *Edição Standard Brasileiras das Obras Psicológicas Completas*. Rio de Janeiro: Imago, 1996.

_____. (1905). *Três ensaios para uma teoria sexual infantil*.

_____. (1908). *Moral sexual "civilizada" e doença nervosa moderna*.

_____. (1910). *Leonardo da Vinci e uma lembrança de sua infância*.

_____. (1910). *Um tipo especial da escolha de objeto feita pelos homens* (Contribuições à Psicologia do Amor).

_____.(1912). *Sobre a tendência universal à depreciação na esfera do amor* (Contribuições à psicologia do amor).

_____. (1914). *Sobre o narcisismo*.

_____. (1915). *Os instintos e suas vicissitudes*.

_____. (1917). *O tabu da virgindade* (Contribuições à Psicologia do Amor).

_____. (1920). *Além do princípio do prazer*.

_____. (1921). *Psicologia de grupo e análise do ego*.

_____. (1922). *Alguns mecanismos neuróticos no ciúme, paranóia e homossexualidade*.

_____. (1930). *O mal-estar na civilização*.

GAY, P. *A experiência burguesa da rainha Vitória a Freud: a educação dos sentidos*. São Paulo: Cia. das Letras, 1999.

_____. *A experiência burguesa da Rainha Vitória a Freud: a paixão terna*. São Paulo: Cia. das Letras, 2000.

GIDDENS, A. *A transformação da intimidade: sexualidade, amor e erotismo nas sociedades modernas*. Araraquara: Unesp, 1993.

GOLDENBERG, M. *De perto ninguém é normal: estudo sobre corpo, sexualidade, gênero e desvio na cultura brasileira*. Rio de Janeiro: Record, 2004.

GREEN, A. *Narcisismo de vida, narcisismo de morte*. São Paulo: Escuta, 1988.

HEILBORN, M. L. *Dois é par: gênero e identidade sexual em contexto igualitário*. Rio de Janeiro: Garamond, 2004.

HOLLANDA, C. B. *Música popular*. São Paulo: Cia. das Letras, 1989.

JORGE, M. A. C. *Fundamentos de psicanálise de Freud a Lacan: as bases conceituais*. Rio de Janeiro: Jorge Zahar, 2002.

JERUSALINSKY, A. "Nos tempos do multissexualismo". *Cartel da APPOA*, Porto Alegre, n. 123, 2004.

KATZ, C. S. "Do paradoxo psíquico na psicanálise". *Pulsional Revista de Psicanálise*, São Paulo, ano XIII, n. 131, p. 20-37, 2000.

KAUFMANN, P. *Dicionário enciclopédico de psicanálise: o legado de Freud e Lacan*. Rio de Janeiro: Jorge Zahar, 1996.

KEHL, M. R. "Em defesa da família tentacular". In: PEREIRA, R. C.;

GROENING, G. (Orgs.). *Direito de família e psicanálise: rumo a uma nova epistemologia*. Rio de Janeiro: Imago, 2003.

_____. *A mínima diferença: o masculino e o feminino na cultura*. Rio de Janeiro: Imago, 1996.

_____. "Existem mesmo 'as mulheres'"? *Cartel da APPOA*, Porto Alegre, n. 123, 2004.

_____. *Ressentimento*. São Paulo: Casa do Psicólogo, 2004.

KRISTEVA, J. *Histórias de amor*. Rio de Janeiro: Paz e Terra, 1988.

LACAN, J. *Escritos*. Rio de Janeiro: Zahar, 1946/1966.

LAQUEUR, T. *Inventando o sexo: corpo e gênero dos gregos a Freud*. Rio de Janeiro: Relume Dumará, 2001.

LAPLANCHE, J.; PONTALIS, J. B. *Vocabulário de psicanálise*. São Paulo: Martins Fontes, 1983.

LEJARRAGA, A. L. *Sobre a ternura, noção esquecida*. Trabalho apresentado no II Encontro Mundial dos Estados Gerais da Psicanálise. Rio de Janeiro, 2003.

_____. *Paixão e ternura: um estudo sobre a noção do amor romântico na obra freudiana*. Rio de Janeiro: Relume Dumará, 2002.

LOUREIRO, I. *O carvalho e o pinheiro: Freud e o estilo romântico*. São Paulo: Escuta, 2002.

LIPOVETZKY, G. *A terceira mulher: permanência e revolução do feminino*. São Paulo: Cia. das Letras, 2000.

_____. *A era do vazio: ensaio sobre o individualismo contemporâneo*. São Paulo: Editora Manole, 2005.

LIPOVETZKY, G.; ROUX, E. *O luxo eterno: da idade do sagrado ao tempo das marcas*. São Paulo: Companhia das Letras, 2005.

MARAZINA, I. "O espelho e os homens: considerações sobre os reflexos na masculinidade de hoje". *Revista da APPOA*, Porto Alegre, n. 28, 2005.

McDOUGALL, J. *As múltiplas faces de Eros: uma exploração psicanalítica da sexualidade humana*. São Paulo: Martins Fontes, 1997.

MONZANI, L. R. *Desejo e prazer na idade moderna*. Campinas: Unicamp, 1995.

MORENO, J. "Sexualidade e pós-modernidade". *Revista de Psicanálise da SPPA*, Porto Alegre, 11(1), p. 69-78, 2004.

NASIO, J. D. *Lições sobre os 7 conceitos cruciais da psicanálise*. Rio de Janeiro: Jorge Zahar, 1997.

NERI, R. "O encontro entre a psicanálise e o feminino-singularidade e diferença". In: BIRMAN, J. (Org.). *Feminilidades*. Rio de Janeiro: Contracapa, 2002.

NUNES, S. A. *O corpo do diabo entre a cruz e a caldeirinha*. Rio de Janeiro: Civilização Brasileira, 2000.

_____. "O feminino e seus destinos: maternidade, enigma e feminilidade". In: BIRMAN, J. (Org.). *Feminilidades*. Rio de Janeiro: Contracapa, 2002.

PEREIRA, M. E. C. *Pânico e desamparo: um estudo psicanalítico*. São Paulo: Escuta 1999.

PINHO, G. "Sobre a vida amorosa do homem contemporâneo". *Correio da APPOA*, Porto Alegre, n. 125, 2004.

POMMIER, G. *A ordem sexual – perversão, desejo e gozo*. Rio de Janeiro: Jorge Zahar, 1992.

QUINET, A. "A psiquiatria e sua ciência nos discursos da contemporaneidade". In: QUINET, A.(org.), *Psicanálise e psiquiatria: controvérsias e convergências*. Rio de Janeiro: Rios Ambiciosos, 2001.

RODRIGUÉ, E. *Sigmund Freud: o século da psicanálise (1895-1995)*. São Paulo: Escuta, 1995.

ROUDINESCO, E. *Por que a psicanálise?* Rio de Janeiro: Jorge Zahar, 2000.

_____. *A família em desordem*. Rio de Janeiro: Jorge Zahar, 2002.

ROUGEMONT, D. *O amor e o ocidente*. Rio de Janeiro: Guanabara, 1988.

SAFATLE, V. *Políticas do gozo: notas sobre o problema da diferença sexual e do universalismo*. Mimeo, 2003.

SOLER, C. *O que Lacan dizia das mulheres*. Rio de Janeiro: Jorge Zahar, 2005.

SOUZA, O. "Uma visita ao amor e à conjugalidade na época de Freud". In: CALLIGARIS, C. (Org.). *O laço conjugal*. Porto Alegre: Artes e Ofícios, 1991.

_____. "Reflexão sobre a extensão dos conceitos e da prática". In: ARAGÃO, L. T. (Org.). *Clínica do social: ensaios*. São Paulo: Escuta, 1991.

VERHAEGHE, P. *El amor en los tiempos de la soledade: tres ensayos sobre el desejo y la pulsión*. Buenos Aires: Paidós, 2001.

Impresso por :

gráfica e editora

Tel.:11 2769-9056